新闻报道实践入门

[日] 猪股征一　著
刘　非　译

中国国际广播出版社

JISSENTEKI SHINBUN JANARIZUMU NYUMON

by Seiichi Inomata

First published 2006 by Iwanami Shoten, Publishers, Tokyo.

This simplified Chinese edition published 2014

by China International Radio Press, Beijing

by arrangement with the proprietor c/o Iwanami Shoten, Publishers, Tokyo

中文版序

真实就存在于现场，存在于我们每个活着的人的身边。

正因为如此，无论哪个国家的掌权者和政治家只要想让自己身处现场或者与生活在现实中的市民为伍，就一定会去造访和视察现场。

这些人比起那些不想看现场或者说根本就是与现场背道而驰的掌权者和政治家相比，要好得多。

但是，即使掌权者和政治家到现场视察，如果那个现场是经过精心设计或准备而布置出来的现场的话，那里是不可能存在真实的。人为制造出来的真实除了虚伪什么都不是。一般来说，地方的小权力者为了谄媚大掌权者和政治家都会对现场进行一番布置，其目的就是为了对自己有利。正因为那里的现场是经过准备布置出来的，所以在那里你只能看到对地方小权力者有利的一面。

另一方面，即使来到没有经过事先布置的真实的现场，掌权者和政治家也是用居高临下的态度和视角来审视现场的事物。对不利于自己的事实采取遮住眼睛、捂住耳朵的做法，因此也是不可能看见和听见真实的。

因此，掌权者和政治家想从现场了解真实并不是一件容易的事情。那到底谁能从现场看见并发现真实呢？当然是在媒体工作的媒体人。

他们头脑灵活，不被偏见和既成观念所束缚，能敏锐地感受到人们的喜怒哀乐。如果他们有勇气从各个不同的角度仔细观察现场的话，是很容易发现并找到真实的。因此，他们知道对于国家、地区以及人们来说什么才是重要的事实，因而也能够预见到未来。

也就是说，正是在媒体工作的媒体人才是最了解什么才是对国家、地区以及国民而言重要的事物，同时也是能够预见未来的人。这些媒体人的观点和主张如果能够得到广泛传播的话，不仅对他们自己对国民来说都是一种幸福。因为他们会告诉人们让地区和国家变得更美好的途径和方法，从而引导整个社会朝着好的方向前进、发展。

这本书如果能让在媒体工作的媒体人获得哪怕只是些许的勇气，我都将感到不胜荣幸。

最后，感谢为此书的出版而奔走并辛勤翻译的译者刘非。

猪股征一
2013 年　初雪季节

目　录

前　言 ………………………………………… **1**

第一部　复活新闻报道 ……………………………… **1**

第 1 章　新闻界的现状与危机 ………………………… 3

1. 新闻界的现状 ……………………………………… 3
2. 报纸发行量减少的背景 …………………………… 8
3. 过度销售竞争所造成的扭曲 ……………………… 11
4. 编辑部地位下降 …………………………………… 12

第 2 章　新闻要怎样才能成为新闻 ………………… 16

1. 怎样选择新闻 ……………………………………… 16
2. 判断新闻的两个标准 ……………………………… 19
3. 决定新闻价值的要素 ……………………………… 27
4. 报道机关的内部事由 ……………………………… 28
5. 与历史性事实做比较 ……………………………… 32

第 3 章　新闻的变质 ………………………………… 35

1. 两位报社社长的就职演说 ………………………… 35

2. 图像媒体特别是电视对新闻的影响 …………………… 39
3. 图像媒体所存在的问题 …………………………… 42
4. 确立牢固立场的重要性 …………………………… 46
5. 确立保障制度 ……………………………………… 49
第 4 章　独家新闻与新闻误报 ……………………… 53
1. 独家新闻与误报的关系 …………………………… 53
2. 误报的种类 ………………………………………… 54
3. 造成误报的原因 …………………………………… 55
4. 复合误报 …………………………………………… 58
5. 独家新闻的类型 …………………………………… 65
第 5 章　与权力的距离 ……………………………… 72
1. 身边的例子 ………………………………………… 72
2. “脱离记者俱乐部宣言” ………………………… 74
3. 配合新闻线索提供方进行报道 …………………… 77
4. 政治记者容易陷入的堕落 ………………………… 79
5. 地方报纸揭批警察腐败 …………………………… 81
第 6 章　市民新闻 …………………………………… 84
1. 从本田君来信所想到的 …………………………… 84
2. 报纸的另一个作用 ………………………………… 89
3. 应对价值观的多样化 ……………………………… 91
第 7 章　从地区发现国家与世界 …………………… 95
1. 如何从报道现场应对“新闻枯燥无聊”的批评 ………… 95
2. 以信浓每日新闻为例谈谈立足地方的优势 ……… 100
3. 河北新报和熊本日日新闻 ………………………… 103

4. 与虚拟化做斗争 …………………………………………………… 108

第二部　新闻报道的技巧 ………………………………………… 111

第 1 章　新闻记者的适应性与行动规范 ……………………… 113

1. 新闻记者是一种怎样的职业 …………………………………… 113

2. 新闻记者的极限以及与自由记者的区别 ……………………… 118

3. 新闻记者的快乐 ……………………………………………… 122

第 2 章　采访的技巧 ………………………………………………… 127

1. 比采访技巧更重要的 ………………………………………… 127

2. 采访前的准备 ………………………………………………… 129

3. 正式采访 ……………………………………………………… 133

4. 采访的后续工作 ……………………………………………… 149

第 3 章　执笔写作的原则与技巧 ………………………………… 151

1. 执笔写作的原则 ……………………………………………… 151

2. 写作的基本要领 ……………………………………………… 154

3. 与烹饪菜肴相比较 …………………………………………… 164

4. 新手的思想准备 ……………………………………………… 165

译者后记 …………………………………………………………… 166

前 言

2003年7月5日是信浓每日新闻报纸创刊130周年的纪念日。为此，报社连续3天刊登了以“信州言论”为主题的纪念特辑，并邀请评论家加藤周一、原文化放送播音员兼作家落合惠子以及东京大学综合文化研究科的高桥哲哉教授三人关于日本言论的现状以及报纸的作用做了主题发言。当时由我主持座谈会，座谈会快结束时，我问那些在做笔记的记者们有没有什么问题要问。其中有位新闻编辑问道：“我想问一问作为地方报纸的《信浓每日新闻》的概况。”这时，评论家加藤周一立即反驳道：“《信浓每日新闻》不是地方报纸，是全国性的报纸。如果用美国报纸做参照的话就像《洛杉矶时报》。”

在美国全国范围内销售的报纸只有两家。一家是《今日美国》，另一家是经济类报纸《金融时报》。可以说大部分的报纸都是地方性的报纸，比如像政治中心华盛顿出版的《华盛顿邮报》和经济中心纽约出版的《纽约时报》都是很著名的报纸。除此之外，以报道姿态和论调而具有影响力的报纸也不少，其中一家就是《洛杉矶时报》。2004年《洛杉矶时报》获得了普利策新闻奖的国内报道、快讯等共5个奖项，表彰其在新闻报道以及出版方面所做出的卓越成绩。这个记录仅次于《纽约时报》，2002年《纽约时报》因报道9·11恐怖袭击事件而获得了当年普利策新闻奖的7个奖项。

我之所以在前言中写这段话，就是希望读者能理解我是以何种视角来看待新闻报道的。从我的经历来看，大家或许觉得我是以地方新闻的视角来看待新闻报道的，书中的某些部分也会涉及地方报纸的内容，但是我写这本书并不是要阐述地方新闻报道论，而是要论述日本新闻界整体应该是什么样的。如果说我所论述的新闻报道论与别人所论述的有什么不同，借用评论家加藤周一的话来说就是：虽身处地方但可代表日本全国报社的新闻理论。这一观点与之后我要展开论述的新闻报道的基本主张紧密相连。

在美国，人们高度评价地方报纸的报道活动和文章内容。因此，我认为只有立足于地方和新闻现场才能看清国家和世界的真实情况。我本人曾长期担任报纸的总编，周围的人常说总编的责任很大，确实如此。我对当前新闻报道的现状尤其是报纸的版面感到危机四伏。当然，与我刚当记者的那会儿相比也有进步的地方。比如更加重视人权以及歧视等问题。但是，对权力的批判等新闻报道应有的基本立场却变弱了，这是我所危惧的。为什么会变成这样？该怎样让年轻记者以及今后踏入这个行业的人们行动起来应对呢？这是值得我们深思的问题。也就是说我们应该停止只说冠冕堂皇的一面，也该说一说阴暗面。长期当过记者的人都知道，如果说的全是好听的话，里面肯定有假话。因为人无完人，有好的一面，一定也有不好的另一面。对人的优缺点做完加减法之后，只要能把其好的方面多保留下来一些，就能反映出他对生活的主张、希望和态度。

虽然我对新闻有所危惧，但是我认为报纸是这个社会不可或缺的重要存在。不仅如此，正如我在本书第一部关于社会和媒体现状中所论述的那样，我坚信报纸的作用比以往任何时候都更重要。

下面做一个简单的自我介绍。

到2004年3月10日为止我担任了近6年的报社总编，更确切地说应该是5年零9个半月的总编。这个任期与其他报社的总编相比长了许多。日本新闻协会（1946年成立，截至2005年4月为止由108家报社、4家通讯社以及31家电视台，共计143家媒体组成）挑选了其中主要报社和通讯社的总编以及日本放送协会（NHK）、民营电台报道局的局长等51人组成了一个编委会。不经意间我发现自己成了在这个编委会中所呆时间第二长的老委员。

2001年9月11日，美国发生了恐怖袭击事件。为报道此事件，我们报社把截稿时间延迟至凌晨3点半。当天我通宵呆在社里，第二天清晨我们发了4页的《号外》，并在当天的晚报中还发了增刊。在世界各国为电脑2000年问题担忧的1999年12月31日，以及为迎接21世纪到来的2000年的除夕之夜，我都是在报社度过的。选举产生田中康夫知事以及后来由于不信任案而导致知事重选，也让我接触到了长野县的许多政治新闻。

说起30多年的记者生活，有许多引以为自豪的话题。担任报社总编后我最先指挥、策划的连载文章《看护的明天》获得了日本新闻协会奖（1999年纪伊国屋书店出版）。在日本，中等规模的报社通常会把政治部、社会部、经济部统一归在报道部下，我们信浓每日新闻报社也不例外。我在报社的报道部曾担任过5年的报道部长。当时，我们挖掘外国劳工问题，策划了长篇报道《打开门扉》，此报道获得了菊池宽奖（1992 年明石书店出版）。当然这个奖项属于每一位参与采访、写作的记者。不过我很欣慰自己从策划阶段起就与记者、编辑们同甘共苦，一起完成了报道。

当我从报社总编的职位上卸任时，说自己对记者生涯没有留恋那是假话。我是抱着参加自己记者生涯毕业考试的心态来写这本书的。我想我应该把自己所掌握的新闻知识和经验切切实实地传达给下一代。

第一部

复活新闻报道

第1章　新闻界的现状与危机

1. 新闻界的现状

当今的新闻界我认为并非一帆风顺。不仅报纸如此，整个新闻报道界都如东京大学研究生院信息学环系的花田达朗教授所说："当今的日本新闻界处于一种被动状态，一种被逼迫的状况。"但这并不是说新闻界处于地下室般黑暗的状况中，而是在炫目的光线照射下的一种阴暗，让人不由想起展示会的会场。为了夸耀和展示商品，快节奏的音乐掩盖了其他声音，嘉宾们手里捧着沉甸甸、流光溢彩的奢华宣传手册。除此之外，为了凸显商品还请模特女郎加以点缀映衬。结果那些模特女郎比商品更吸引顾客的眼光，成为注目的焦点，真的很讽刺。

日本的新闻界就是在这种莫名其妙的氛围中毫无痛苦地走向衰弱的下坡路(岩波书店《世界》2003年8月号特辑"醒醒吧，媒体!")。

暂且不论用展示会的现场打比方是否妥当，但是当今的日本言论所处的状况确实是在光明中而非黑暗中开始衰弱。二战前，高举自由和反战旗帜的言论家受到了日本军部的封杀。那是新闻界在黑暗中走向衰弱并死亡的历史。今天的新闻界并非处于当时那样黑暗的时代。报社、电台在经营上虽然有波动，但基本上还是比较顺畅的，就收入而言跟一流的大企业也不相上下，至少从表面上看是感受不到黑暗的。但是，言论活动如何呢？各种各样可能威胁到言论自由的法律被制定，或者将会制定。例如：2003年5月出台了个人信息保护法，虽然该保护法把报道从限制对象中排除出去了，但是同时期出台的有事关联法规定：除NHK之外，民营电台也是指定的公共机关。这反映出统制言论的危险在加大。2004年出台的法院审理员法规定不允许采访法院的现职审理员和退职的审理员。另外，人权拥护法案把公共权力造成的歧视、虐待和过度采访造成的报道伤害都纳入到“特别救助”对象之列。

一方面是国家对报道严加限制，另一方面是国民开始抛弃报纸。一个最明显的例子就是报纸的发行量在减少。在具体谈这个问题前，我想先罗列一些数字来加以说明。或许大家会觉得罗列数字很无聊，这是新闻报道最该回避的写法。因此我尽可能让下面的数字罗列不枯燥。

在日本，一般性报纸加上体育类报纸的发行量是5256万多份，其中一般性报纸的发行量为4718万多份，体育类报纸的发行量占整体的一成多，为537万多份（日本新闻协会调查，2005年10月）。为什么把体育类的报纸也加进来，是因为体育类的报纸也加入了日本新闻协会成为其会员的缘故。对于一般性报纸新闻协会是这么定义的：报道一般时事类新闻的报纸。

那些只报道某些专业领域的新闻以及地方新闻的报纸不属于此类报纸之列。

从报纸的发行总量来看，1997 年达到最高峰为 5376 万多份，从那之后一直处于减少的趋势。到 2003 年时，发行量降至 5200 万份，2004 年又重新上升至 5300 万份。这主要是因为当时正赶上东京的两大报纸创刊 125 周年和 130 周年，两大报社为扩大销售都做了活动的缘故。所以出现了暂时性的回升。以前，日本每户人家平均订阅 1.2 份报纸，现在这个数值也是年年降低，截至 2005 年 10 月，每户平均只订 1.04 份报纸，而且总有一天会降到 1 份以下。具体来看，由晨报和晚报构成的一般性报纸的发行量这 10 年来一直在减少。但同时，晨报的销售量在增加，2005 年其销售量为 3392 万份。体育类报纸在 1996 年达到峰值为 657 万多份，之后其销售量就一直锐减。

报社的收入来源主要有两个，一是广告，另一个就是报纸销售收入。虽然报社也从事出版并经营一些别的业务，但这些都不是报社的主要收入。从加入日本新闻协会的报社的整体销售情况来看，报纸销售收入占了报社收入的一半左右，广告收入的比例为 35%，其他收入为 14%。有些报社的收入情况会好些，但是各社的广告收入都会受到当年经济的影响和左右。

下面再来看看广告收入。电通是日本最大的广告公司。据它调查，2004 年日本广告费的总额为 58571 亿日元，其中报纸的广告费为 10559 亿日元，占整体的 18%。报纸广告费所占的比例曾经达到 30%左右，现在这个比例年年降低，到 2001 年时已不到 20%。我们顺便也看看广告商对各类媒体广告费的投入情况。电视最高达到 34.9%，其次是被称作营销手段的直销邮件、车内广告等户外广告，所占比例为25.3%，报纸排在第三位。另外，夹在报纸里小广告的比例为8.1%，杂志为6.8%。广告收入受当年经济的影响，因此也不能一概而论。报纸的广告收入形成“Z”字形后，从整体来看还是会呈逐渐下降趋势的。读报的年轻人变少之后对于想抓住年轻人的广告主而言，报纸就显得越来越没有魅力了。同时也不能否定发行量减少带来的影响，当然也有各种各样新媒体不断涌现的因素。

在报纸销售和广告业务都不顺畅的情况下，如果要把经营状况维持在一般水平，那就需要依靠技术革新来裁员了。报社的工种其实跟百货商店一样，是多种多样的。除了编辑部门外，还有销售、广告、出版等其他营业部门以及制作新闻版面的制作部门、印刷报纸的印刷部门和对报纸进行销售的销售部门。另外，还有把报纸内容传送至互联网的电子媒体部门、管理人事的人事部、财务部、总务部等管理部门。与日本的其他企业一样，报社的工会属于企业内部的工会，通常只有一个，最多两个。但在美国则不同，工作职能不同所属的工会也不相同。比如我去访问与我社结为姐妹报社的美国《圣路易斯邮报》（普利策创办）时，就听说他们报社里居然有11个工会。由此可见报社的工种之多。据日本新闻协会调查，2005年报纸和通讯社的从业人员有52683人。这个人数与最高峰时的1991年相比减少了近16000人。这也与报纸制作的电脑化有很大的关系。从前，记者用铅笔写稿，新闻编辑用签字笔改稿，操作员再把稿子输入到电脑里。然后，整理部（日本报社特有的部门，主要工作是①负责判断新闻的价值；②根据判断结果决定标题的大小和在版面中应配置的位置；③版面设计等工作）的工作人员将画在纸上的设计图在电脑终端上制成版面。但是，现在的情形是：不管快慢，各家报社的记者都用电脑直接把稿件传回社里的计算机，整理部的工作人员直接操作计算机终端来设计版面。信浓每日新闻是较早实现计算机化的报社之一。1989 年时给记者配备了日文打字机，1991 年时实现了整理部可一人单独完成组版任务。1999 年时，把给记者配备的计算机终端全部换成个人电脑，同时配备数码相机，从而关闭了相片冲印室。这些技术革新的结果使报社的工作人员从最多时的 800 多人减少到现在的 400 多人，减少了近一半。计算机化不仅减少了人数而且使报纸的制作变得简便了许多。特别具有划时代意义的事情是无论记者身在何处，只要有一名记者在就能发挥出与一个分社相匹敌的作用。只要有电脑、数码相机、手机以及和这些设备相连接的数据线，只要有了这些器材和设备，无论记者身处何方都能把稿件和照片传回来。如果只考虑制作新闻的话，分局和分社真的就没有存在的必要了。

下面是我个人的亲身经历。1990 年春天我去美国采访了一个月。期间我采访了当时美国总统的助理——布热津斯基等人。报社要在第二天的晨报上刊发我的采访，所以我必须要把稿件尽快发回去。文字稿可以用饭店里的传真机传回去，但是彩色照片不行。所以，为了把彩色照片发回社里，我专门赶到日本共同通讯社华盛顿分社，把底片电传了回去。但是，1999 年的秋天，我来北京采访中国国庆 50 周年时，就可以在下榻饭店的房间里通过电脑和电话线直接把文字稿和照片传回社里了。然后，我就躺在床上舒舒服服地等待社里的询问。虽然两次采访仅相隔 10 年，但我感觉第二次采访轻松了许多。

2. 报纸发行量减少的背景

为什么报纸的发行量会减少呢？其中一个理由就是1990年后至2000年初，经济泡沫破灭，企业削减经费造成的。当然，更主要的原因是因为在此之前很长一段时间以来，以年轻人为主不读报的人数在增加。只要听听卖报纸的人是怎么说的，你就能感受到不读报阶层人数的增加。身在学术气氛浓厚的学院，应该对世界充满关心的大学生们居然不买报纸。这种现象其实早在以前就有人指出过，后来发展到甚至连学校的老师也不订报。这些感叹我都是从卖报人那里听说的。以日本新闻协会为主各家报纸长期以来一直在开展新闻教育运动（NEWSPAPER IN EDUCATION），即：为了让孩子们从小养成读报的习惯，在学校开展的读报和用报运动。具体的做法是：学校订报纸时在价格上给予大幅度的优惠；每年指定实践学校让老师们在教学活动中组织活用报纸的实践发表会；并且在各个县设立由报社和教育委员会组成的活用报纸教育推进协议会。但是，如果教师都不读报的话，那就另当别论了。卖报人都说他很担心把肩负日本未来的孩子交给不读报的老师。

通常人们总认为脱离文字是年轻人不读报、不读书的原因。这种情况其实早在出版业不景气之前就出现了。为什么会出现这种脱离文字的现象呢？主要是因为除了文字之外，还出现了图像、网络等新的媒介。零花钱都花在手机话费上了，根本就没钱再买书和杂志也是很现实的原因。其实不论是网络还是手机邮件都是以文字为主。另外，虽然出版业不景气，但还是有些出版社出了畅销书。因此，不能简单地把原因归结为脱离文字。话虽这么说，不过目前综合媒体确实处在生存艰难的时代。所谓综合就是从整体来看各个分散性的事象，并对它们进行论述。如果是一般性报纸的话，就是报道许多一般性时事的综合媒体。这与专门报道特定业界的新闻以及专业类新闻不同，要求基本上让任何人都能读懂。但是，随着生活越来越好，越来越丰富，每个人都向往过有个性的生活，于是社会价值观也变得多种多样。特别是国际互联网的应用与普及，任何人都可以自由地跨越国界，国际化也给人们带来了各种各样的信息，这也进一步加剧了价值观的多样化。并且在不同的领域，高于平均知识的专业化也在不断发展、进步。

说得更通俗一点就是“发烧化”现象。也就是说每个人用各自的价值观来思考幸福和人生等问题。这本身并没什么不好。可以说是一种封闭型的生活方式。在这样的社会状况下，要想满足所有人的要求、应对所有人的需求是非常困难的。举一个娱乐圈的例子或许更通俗易懂。在现在的年轻人出生之前，孩子和老人可以坐在一起欣赏美空云雀、石原裕次郎、吉永小百合等歌手所唱的歌曲，成为他们的歌迷。当时媒体用“国民歌手”来形容大家对他们的喜爱。但是现在这个时代，年轻人喜欢的歌手、艺人，父辈们乃至祖辈们也喜欢吗？我想现实应该是每个年龄层喜欢的歌手都各不相同。只要那个歌手在电视里出现，不管孩子还是老人，大家都能一起兴致勃勃地观看其演出的时代是幸福的。但那个幸福的时代在 1980 年 10 月 5 日晚上 8 点 35 分结束了。这是我个人的意见。那个时刻是山口百惠在日本武道馆举办的最后一场演唱会的结束时间。山口百惠从 14 岁出道到她演唱最后一场演唱会的 8 年时间里，出了 31 张单曲，35 册写真集，主演了 15 部电影，演艺生活可以说是异常活跃。她为了和三浦友和结婚才决定引退。引退前山口百惠接受了当时NHK著名导演和田勉的采访，并录制了1小时的特别节目。不仅如此，甚至民营电台也为其引退制作了特别节目。可以说当时山口百惠的引退引起了全体日本国民的关注。她在最后的演唱会上是含着眼泪唱最后一首告别歌曲的。现在回想起来我一直觉得那是对日本人抱有共同价值观时代的告别，那眼泪也是挥别那个幸福时代的眼泪。1987年秋，一本叫《平凡》的月刊杂志和一本叫《週刊平凡》的周刊杂志同时停刊了。这两本杂志作为介绍歌曲和电影的综合娱乐杂志，在年轻人中，即所谓的"时髦族"中很流行，发行量曾突破过100万。但是从70年代开始衰退。造成这些综合性娱乐杂志停刊的最重要的原因就是因为无法应对时髦族的价值观多样化。以前做这类杂志时，只要锁定时髦族喜欢的特定的某些歌手、艺人并加以介绍，杂志就好卖。但是现在那个时代结束了。这类事情同样也发生在被称为综合杂志的月刊杂志上。例如：《中央公论》，目前就在为发行量减少而犯愁，而中央公论社（现在称中央公论新社）陷入经营危机被读卖新闻收购也是出于同样的背景。

就像从前的歌曲那样，报纸并不是为特定的某些读者而写，而是以一般大众为对象。因此，毫无疑问也存在同样的困难。从前我们以均等化的日本人为对象进行写作，然后制作版面就行了。但是现如今，均等化的日本人到底是什么样都描述不清。因此，我们在制作报纸版面时就不得不考虑价值观的多样化。具体该怎么做才能应对这样的变化呢？简而言之，就是不能茫然地制作版面，而是在制作之前就应该考虑好对象，到底是为大众，还是为哪个特定的年龄层制作的？我当报社总编时就按照这个方针对版面进行了改革。如果说改革前的新闻版面像百货商店什么都卖的话，改革后的版面更像改装过的复合型专卖店。关于这一点，我还会在下文中做进一步论述。

3. 过度销售竞争所造成的扭曲

为争夺有限的蛋糕，报社间的销售竞争变得非常激烈。比如有时会给客户赠送丰厚的礼品，或者承诺订一年报纸免费赠送 3 个月，等等。其实这些做法完全违反了报业公正交易委员会关于公平竞争的规定。另外，过度竞争不仅让读者对报纸产生负面印象，同时也让他们认为报纸就该降价销售，从而使报纸更加危机重重。关于报纸销售正常化的决议虽然被采纳，但是过度竞争的现象还是很难扭转。

说霸权主义也好，还是说那种要超过、打败对手想称霸的欲望也好，估计其他业界也会存在。但是其程度估计都不像新闻界这么激烈。那新闻界的这种 DNA 是从哪儿来的呢？据小野秀雄所著的《新闻历史》（1961 年东京堂出版）的说法是：报纸的历史同时也是报纸销售战的历史。1923 年日本发生了关东大地震，东京的报纸受到了重创。而这个时期却正是《朝日新闻》（当时总部设在大阪）在东京的发行量大幅增长的时期。原任警视厅警务部长的正力松太郎被派往当时赤字经营的读卖新闻，他通过报道棒球和娱乐增加该报的发行量。因此，可以说在经历了种种历史以及销售的混乱与竞争之后，才形成了今天新闻界的体制和局面。

销售过热的主要原因是报纸的发行量越大，所登载的广告费的单价就越高。因此，即使在销售上花点钱，也可以通过增加发行量来挣回成本。那些把总部设在东京并且在首都圈以及关西地区销售竞争激烈的报社（以下称为“东京报纸”）在进行财务决算时，有的报社干脆就不在财务报表上体现销售支出，说得更准确一点是他们自己也不太清楚在这方面的花费。据说大概占销售额的16%～17%。我认为这是不必要的浪费，应该把这部分经费花在报纸版面的制作上。毕竟首都圈以及关西地区读者众多，应该把这部分费用花在适合他们风格和阅读习惯的版面制作上。

4. 编辑部地位下降

目前日本新闻界的现状让我更加畏惧的是编辑部地位的下降，特别是编辑部的最高长官——总编的地位不像从前那样位高权重了。

我听说从前报社总编的地位那是绝对大，甚至有人说都大得不正常。其实这正是报社成为近代企业的证明。但是当年整个报社都认为编辑部最大是有其原因的。因为当时报纸的观点和态度是：应该非常纯粹地站在高处和大处论述这个世界，不应该受到广告、销售等外界因素的影响和左右。所以，报社编辑部以及社里上上下下都有这样一股风气。即所谓“武士吃不上饭也要有风度”，只有甘于清贫才能保持高尚的品质与气节。我是1968年进报社工作的，当时报社的收入跟金融、保险、证券等其他行业相比要低。虽然当时的工资不高，但是我们都自豪地认为并非是为钱而工作。

在泡沫经济催热日本经济的时代，报社也在理财等栏目撰写特辑煽动读者投资。或许是由于广告收入的增加使得经营状况好转，报社的工资水平也变成一流的了。在社会整体都发生变化的时候，只有报社保持“武士吃不上饭也要有风度”的做派似乎不太现实和可能。结果在这种世风中总编的地位就不如从前那么重要了。说不那么重要可能表述得还不够准确，更确切的说法是跟其他部门领导处于同等地位。

我在信浓每日新闻当了 5 年零 9 个半月的总编，结果成了日本新闻协会编委会近五十名编委中，所呆时间第二长的老编委。这期间其他报社总在不断变换总编。另外，为了加强交流和沟通，我们地方报纸中规模较大的 12 家报社的总编还成立了一个“周二会”。每个月在共同通讯社开一次碰头会。在这个会里，有一家报社前后换了四任总编来参会，另外一家报社换了三任，还有四家换了两任，没换过总编的报社仅 5 家。仔细算算我在“周二会”上打过交道的其他 11 家报社的总编，竟有 31 人之多。

顺便也说一下其他报社主编的变更情况。东京地区的报纸诸如：《朝日新闻》和《每日新闻》在此期间换了两回主编，《读卖新闻》和《产经新闻》换了一回。另外，其他的地方报纸，像《中日新闻》换了一回，《北海道新闻》换了三回，《西日本新闻》换了两回，通讯社中共同社换了两回，时事通讯社换了四回主编。但是在我担任主编期间也有一些报社一次都没换过总编。例如：《河北新报》（总部位于仙台市）、《新潟日报》、《静冈新闻》、《高知新闻》、《熊本日日新闻》。这些报社总编的任期都比较长，一般在 4～5 年的时间。当然，每家报社的情况各不相同，不能一概而论。有些人可能会认为总编待遇优厚当然是担任的时间越长越好，其实如果这样考虑问题就过于简单化了。如果编辑部的力量足够强大，即使频繁变更总编也不会对报社的工作产生太大的影响。但是，纵观那些总编在位时间较长的报社，只要看看版面就能感到编辑部充满生机和活力。1998 年新闻协会奖的评奖标准比以前严格了许多，通常每年都会有 40 多家报社参评，但在活动、策划类报道中能获奖的也就一两家。就在评奖标准变得如此严格的年份，信浓每日新闻、高知新闻、熊本日日新闻、新潟日报 4 家报社榜上有名。我觉得这并非偶然，河北新报虽然此次没获奖，但是 1997 年该报社以农业问题为题材的报道《稻谷之环》获得了新闻协会奖，也是获奖次数较多的报社之一。

还有更极端的例子可以证明总编地位的下降。日本新闻协会办了一个 4 开大小的机关小报《新闻协会报》，该报每周二发行。这张报纸以报道各家报社的人事变动为主。从前如果总编发生变化时，会在报纸的第一面用比社长变更时稍微小一点的字体报道说××报社总编变更为某某氏，同时还会附上标题作为新闻加以报道。然而，1996 年 4 月 2 日发行的会报上报道的关于东北新闻报总编变更的消息成为此类报道的终结。此后，总编的人事变动再没有作为新闻报道过。取而代之的是在第一面边角位置的“告知板”中，用来告知东京分社的地址以及负责人变更的栏目里添加了一项关于总编变更的通知。通知一般会这样写：○○报社新总编某某、旧总编某某。然而两年后的 1998 年 3 月 31 日在“告知板”中告知山阴中央新报社的总编变更又成为此类通知的终结。现在，对报社总编的变更已不再做特别报道和通知，而是跟其他一般人事变动一样加以对待。这也说明新闻协会机关报认为总编的人事变更已不再是在第一面加以报道的新闻了。

报社要养许多员工，所以必须考虑经济利益，因此得多拉广告，从销售的角度来说，就是要按照读者的需求创造出有魅力的商品。从报社整体的经营来看，广告部和销售部确实也很重要，不应该让编辑部单独逞威风。乍一听，这种说法还是挺有道理的。

总编既是从事编辑专业的职业编辑，同时也是兼备管理能力的管理者。如果只从经营的角度考虑的话，总编没必要懂编辑业务，只要有管理能力就行了。如果这样，能当总编的人还是不少的，且可以随时替换。另外，像那种非常精通专业的总编候选人，例如一说到某某人就让人想起他写的独家新闻或者所举办的宣传活动。这类人与其让他当管理者不如让他在一线写稿子。随着报社成为近代企业，总编也成了管理者，并且具有与其他部门管理者同等的管理地位。

但同时，报社也是报道机关，是各种言论机关中历史最悠久、最核心的存在。报道机关为完成其社会使命，有时是不能计较盈亏的，有时还必须跟权力做斗争。报社一方面要扛住来自权力和大企业的压力，另一方面还要保持经营的稳定才行。因此，许多人认为报社要重视盈亏，要考虑怎样让读者购买报纸，让广告赞助商高兴。但是，报社所做的这一切都应该是以实现和完成报道机关的使命为前提的，如果忘记了这一根本而只考虑经营，那就是本末倒置，同时也会失去读者的信赖。

正因为这个时代，总编的地位才变得不那么重要了，对于这种观点我并不想苟同。或许正是因为顺应了时代潮流，报社才变成今天这样世俗化和现代化。但现代化真的就丰富了人们的生活吗？对此，我至今仍抱有很大疑问。

第 2 章　新闻要怎样才能成为新闻

1. 怎样选择新闻

什么是新闻？从类型上来看，新闻可以分为政治、国际、经济、社会等几大类。另外，从新闻的重要性来分，还可分为头版、二版、三版、综合版等。因此，报纸版面上既有头版头条的新闻，也有非常简短的类似一句话的短讯。新闻的排序也就是说哪条新闻更重要，通常是按照新闻价值来衡量的，这主要依靠编辑对新闻的感觉。

另一方面，记者在采访时，常常会在脑子里考虑什么是新闻。（工作的时候通常不会时时刻刻考虑新闻是什么。）新闻记者所接触的事物是包罗万象的。如果用人的行动打比方的话，就是早晨起床、洗脸、吃饭然后去上学或者上班。但这些只是包罗万象的事物中很小的一部分。那么在包罗万象的事物中记者和编辑选择新闻的标准是什么呢？下面谈谈我当总编的时候选择新闻的标准，我想这个标准应该也适用于现在，并且其他报社记者和编辑的观点跟我的观点也大致相同。每到傍晚的时候，新闻记者就会把发稿预告告知自己最直接的领导。如果是分社的话就会告知分社的社长或者副社长；如果是在记者俱乐部的话，就会告知领队记者。在发稿预告中记者会写如下内容：拟定的标题和报道要点、预计的行数以及是否附有图片和表格等。如果是特殊或者独家新闻以及话题的话，还需要加以备注。

从分社以及记者俱乐部发回总部的许多发稿预告会汇总到新闻编辑那里。所谓新闻编辑就是在总编的指挥下实际制作报纸版面的负责人。政治、经济、社会、地区每个不同版面或者部门都有具体的新闻负责人（英语里 desk 是指具体的负责部门，但在日语中指的是具体负责人）。我们信浓每日新闻报社每天都会出一份发稿预告一览表，其中包括来自本报以及共同社、时事通讯社记者三方的发稿预告。这份预告在开编前会之前会发给各位参会者，每位参会者在阅读过此预告后来参会。每天傍晚的固定时间，本报总编会召集各部部长、当天负责具体版面的新闻编辑和整理部负责人开会。

开会时，各版面的新闻负责人先对当天的新闻安排进行说明。有时候，根据报道内容的不同，有些动态事件的发展可能会持续到深夜。因此，如果报道的是这种动态变化的事件，还要报告关于各时间节点的发稿预告。然后根据这些报告，大家共同讨论哪些报道应放在第二天晨报的头版，社会版的头条新闻应该用哪一条，等等。也就是说每天傍晚召开的编前会就把第二天报纸版面的报道内容和构成大致定好了。另外，原本应刊登在经济版的新闻经过编前会的讨论将之提到头版或者改在社会版报道，这种情况也时有发生。

虽然编前会已经大致定好了报纸版面，但是，有时候会后有可能会发生一些大事件，或者国外发生了什么突发性事件。在这种情况下，大多数的报社都是由当天的值班副主编代替主编指挥大家奋战到深夜。当班副主编会与各发稿部门负责人以及整理部门负责人商量如何变更版面，或者指令记者做一些必要的采访。各家报社情况不尽相同，有些报社会在10点左右再开一次编前会。这种会议大多由局级的新闻编辑出席。当然，如果发生了重大事件，一定会与总编取得联系，总编会赶到报社处理关于突发事件的报道。也有些报社的总编与我一样，每晚必会再到报社去看看。

报纸的新闻版面需要什么样的报道，头版应如何制作，怎么排序？这种组织性结构决定了新闻的选择和价值。新闻排序并没有什么内部规律和标准，主要是依靠编辑的新闻感觉决定的。当意见出现分歧时，由总编来做定夺。

说新闻价值是由编辑们的新闻感觉来决定的，是因为记者们无论是在采访中判断什么是新闻时，还是在发掘新闻将之写成报道时，都是依靠记者的新闻感觉而并非什么新闻价值标准的。记者平常是在编辑的指导和教育下进行采访和写作的。对记者能力和职业敏感性的描述通常会使用诸如：敏锐的洞察力、良好的新闻敏感性、时代的眼光、读者以及市民视角等抽象的词汇。这些职业能力与读者的关系具体可见图2－1。

其实决定什么才是新闻的正是编辑和记者的新闻感觉。而这种感觉通常被称为新闻的敏感性。新闻敏感性从新闻编辑或者领头记者传给下一级记者、或者由前辈记者传给后辈、是一个传一个以个别方式进行传递的。这种传递方式容易让大家误认为只有通过跑现场的实践才能培养和教育记者。因此，对在大学课堂里开

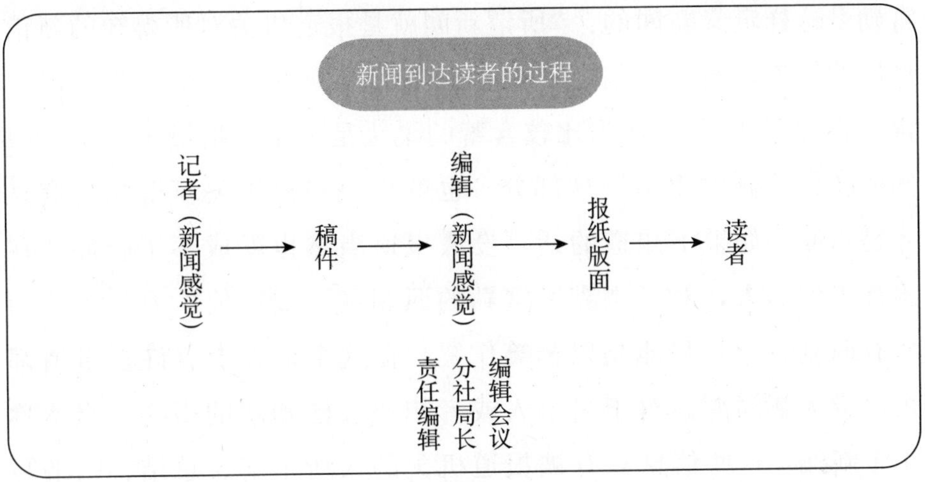

图 2—1

展的记者教育不免会持怀疑态度。

确实在包罗万象、形形色色的事件中，如何选取题材、采访、然后作为新闻加以报道，根据内容不同报道方式也是多种多样，不能一概而论。不好说哪一条新闻价值更高，因为要根据实际情况来定。但如果总是这么说的话，这本书也就没法写下去了。下面我主要从两个角度出发探讨一下什么是新闻：第一个角度从站在新闻工作之外的学者的视角来看，一般而言什么是新闻；另一个角度是报社把什么样的素材加工成了新闻，即新闻实际的产生过程是怎样的。

2. 判断新闻的两个标准

东京大学花田教授在他的《新闻报道实践教育讲座》（2004 年平凡社出版）一书中介绍了曾获得过普利策新闻奖的美国言论人杰克·富勒关于新闻的定义。我觉得他关于新闻的定义非常含蓄。杰克·

富勒是这样定义新闻的："所谓新闻就是报道机关对所得知的新信息做的报道，而这些信息对报道机关的受众而言是很重要或者非常关心的事件。"我认为比较含蓄的说法是关于"报道机关对所得知的新信息做的报道"这部分。也就是说报道机关新得知的信息才是新闻，如果不知道的话，没法报道当然也就成不了新闻。在报社工作的人，对于杰克·富勒的讽刺（不知道他本人是否认为含有讽刺意味）只能是以苦笑作罢。在这个世界上有许多事情都可以成为新闻源。对于当事人或者相关人已知晓的事物，当然称不上新闻，这些信息只有被报道机关的人所了解、总结、归纳写成报道后才能成为新闻。

报道机关所报道的范围虽然很广，但是当世界变得越来越复杂后，无法网罗的事物也就越来越多，所以只有那些被网罗到的信息才能成为新闻。

看新闻报道或收看电视新闻时，导语部分经常会出现如下的表达方式："这是某某人某某日明确表示的。"或者"记者于某某日了解到……"这种表达方式的意思是说这条消息对当事人来说是已知晓的内容，而媒体是在某某日才刚刚得知的。当然有些事情相关当事人也不想让外界知道，想隐藏起来。因此，从整体来看，报道机关不能覆盖的内容和范围还是挺多的。

下面说说杰克·富勒关于新闻的定义。"对报道机关的受众而言是很重要或者非常关心的事件。"关于"重要"以及"非常关心"我将在后面展开论述，先来讨论一下"事件"这个词。"事件"这个词很常用，同时也包含了很多种意思在里面。英语里对"事件"这个词的译法有如下 5 种：happening、incident、event、episode、accident。而所有这些事件都只是构成新闻素材的现象。

杰克·富勒在定义中用的是 events。

新闻报道行业外的人士在跟朋友与家人聊天时，也会用到新闻这样的词汇。比如："新闻！新闻！听说某某结婚了！"但是，这样的事情一般是不会作为新闻报道的。

在各种事件中，首先是能触动记者的新闻感觉，然后是编辑新闻敏感的事件才会被报道成新闻。那什么样的事件才能触动记者以及编辑头脑中的新闻感觉，让他们判别这些内容可以成为新闻素材，而哪些内容则不行呢？仔细分析后，你就会发现决定事件能否成为新闻的关键要素。

从结论来看，能否成为新闻有两条重要标准：读者的关心和报道机关的关心。详见图 2—2。

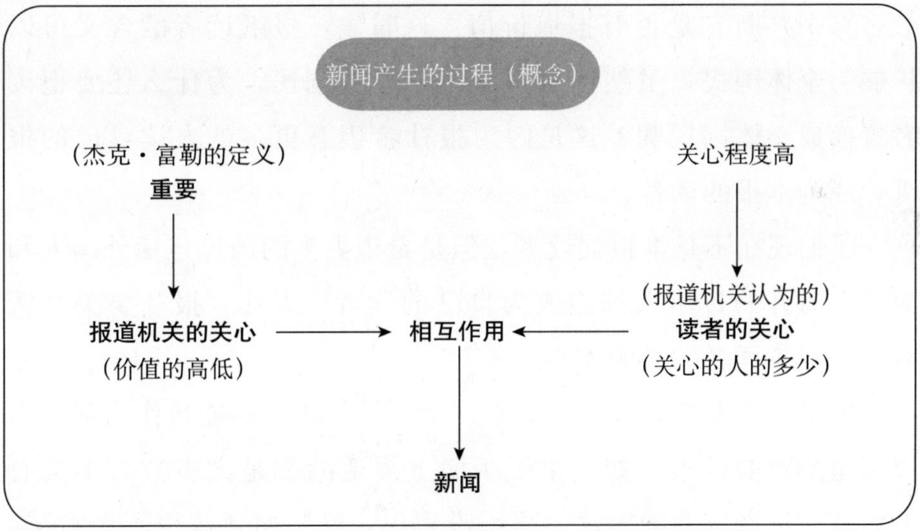

图 2—2

所谓读者的关心其实是报道机关对读者关心的一种斟酌和揣摩，说得更确切一些是"报道机关所认为的读者的关心"。而报道机关的关心则与读者的关心无关，是报道机关认为应该报道或者想报道的关心。刚才杰克·富勒在新闻的定义中提到，新闻是对报道机关的受众而言重要的或者非常关心的事件。如果这里的“重要”指的是报道机关认为重要，应该报道的话，那么就属于报道机关所关心的范畴。另外，关于定义中“非常关心”的解释，说得更严密一些是“报道机关所认为的读者的关心”。读者的关心与报社的关心是判断新闻的两条标准，或者说新闻是这两条标准相互作用的结果。

先说说读者的关心。编辑、记者在选择新闻时，首先考虑的是这些内容是不是购买报纸的用户，也就是读者所关心的事情。就像刚才所说的某某结婚的消息，对于不认识某某以及对某某不关心的人来说就不是新闻。因此，首先要从了解、关心此内容的人数多寡来判断它是否有报道价值。这时候，报纸读者的含义可以扩展为全体国民。虽然读者并不等于全体国民，为什么还要把读者置换成全体国民呢？这是因为报社希望有更多的人读自己的报纸，成为本报的读者。

哪怕现在不是本报的读者，但是希望更多的国民包括外国人和居住在海外的日本人都能成为自己的读者。因此，报社要关注所有可能成为读者的人的关心。

编辑认为大多数人是否关心这个问题是该问题能否作为新闻加以报道的首要标准。如果报纸版面上报道的都是大多数人不关心的内容，读者就会觉得这份报纸没意思，既不愿意读更不愿意买。报纸没人买的话也就无法作为一种事业存续下去。其实，大多数的编辑和记者在采访和写稿的时候并非首先考虑到报社和电台的经营，只是朴素地想让读者读自己写的文章，想让读者知道这条新闻，觉得这条新闻一定是很多人关心的问题。因此，是不是大多数人关心的问题，是编辑、记者判断新闻的首要标准。那编辑和记者又是怎样判断所报道的内容是不是读者所关心的呢？通常我们回答说，这要靠在日常工作中培养出来的新闻敏感性来判断。但其实这种回答很抽象，根本就是不知所云。我个人认为：每个人对别人是怎么想的，对什么事情有兴趣、比较关心，是有此方面的知识和经验的。记者其职业意识越强就越关心周围人的心情和问题。乘坐出租车时，有些记者肯定会跟司机闲聊几句。聊过之后你就知道现在的经济状况到底是好还是坏，什么是老百姓关心和热议的话题，或者知道了某些事情。有些记者还会跟妻子一起去超市购物，以便了解蔬菜、肉类的价格。因为一旦蔬菜和肉类价格上涨就会影响到每个人的日常生活。“市民视角”也是编辑和记者喜好的立场和角度。

只要有机会我还是比较喜欢跟年轻人说说话，这同时也是为了了解年轻人对什么样的事物感兴趣。虽说不能以这些个人的知识和体验来判断整个社会的关心，但也绝不能轻视它们。

前辈们在每天的实际工作中教我们识别哪些是重要新闻，哪些是不太重要的新闻，这其实也是在培养我们的新闻感觉。报社的整理部负责判断新闻的价值和给文章拟标题。其实担任各版面制作的整理部的工作人员在实际工作中天天都在接受新闻编辑的教育。这种教育不仅局限在平常的工作和学习中，同时还贯穿于各种各样形式的讨论中，甚至包括在下班后的酒桌上。“那个事件从事态的发展来看应该报得更大一些”；“这条消息已经报过了，所以低调处理可能更好。”在诸如此类的探讨中，前辈记者们把自己对新闻的感受和经验传授给了后辈。

另外，其他报社以及媒体对新闻的选择也会对新闻敏感性的培养产生影响。我在留意电视和其他报纸是怎样选择新闻的过程中，明白了哪些新闻是有新闻价值的，哪些不是。其实评价新闻是否有价值往往发生在报道之后。但是，那些有价值的新闻各家报社肯定都会报道，所以只要把报道的重点和重心放在那里，一般来说就不会跟其他报社有太大的差异。这个内容就是我所说的有价值的新闻。有价值的新闻一定也是媒体从业者们对于当今社会所关心的主题有着默契和一致的地方。即使事前没商量过，但是只要想一想别的报社的报道体制，现场记者的议论，通讯社以及电视台是如何发快讯的，就大致能解读出其他报社对有价值的新闻的共识。因此，各家报社头版内容大致相仿主要也是这个原因。大多数编辑在阅读第二天的报纸时，对唯独把自己编辑的内容移到其他板块上的做法会表示出不满。也就是说，报社对新闻的所谓“组织性选择”，从更宏观的角度来看是由媒体业界的默契和一致性所决定的，这种一致性是摆脱了个人层次，更能体现公共性和客观性的标准。

正如我刚才所说，编辑认为报道跟别人一样的必报内容不会冒什么风险，但是作为报社的主编，应该对这种四平八稳的做法提出异议，要让编辑们开动脑筋，这也是总编存在的意义。总编作为报纸版面的最终责任人，被委以版面制作的权限，所以应该提出大胆的报道方案来。因此，只有不拘泥于过去的惯例，不陷入形式主义和模式化，才能制作出唤起读者兴趣和关心的版面。

如果说“大多数人的关心”是选择新闻的第一标准的话，第二标准应该说是“报道机关的关心”。换而言之，也可以说是记者的关心。即编辑和记者认为人们应该关心的问题或者说是希望人们关心的问题。从某种意义上说是编辑和记者把自己的价值观强加给了读者。价值观决定了对新闻的选择，并按照其价值高低来判断新闻的重要性且对之进行排序。

用厨师做饭来打比方，可能更通俗易懂一些。比如饭店的厨师下厨前会先想一下客人喜欢吃什么，就像报社的记者和编辑会考虑读者关心的话题一样。然后厨师据此选择食材，记者和编辑也会依据读者的关心来选择新闻。这是选择新闻的第一条标准。但同时厨师也是营养师，从营养的角度考虑觉得必须使用这种食材。这也是选择新闻的第二条标准。

“这个事件很重要，读者必须知道。”这是报道机关对新闻的判断，同时也体现了报道机关的使命感。正因为如此，报道机关奔赴灾害现场等危险场所，这也是受使命感所驱使。

同时，报道机关还有另一种使命感就是希望通过报道让世界变得更美好、更和谐。这种使命感有时以民主主义、人权意识来体现，有时则以崇尚自由等各种各样的价值观加以表现。记者和编辑就是凭借这些使命感和价值观来选择新闻的。

与其他媒体相比，读者对报纸的记者和编辑在发挥营养师方面的作用期待更大一些。因此，为担负起此重托，报纸的记者和编辑在作为营养师方面的意识也更强。

从所做的各种关于报纸的调查结果也可以得知，读者很期待报纸能发挥出营养师的作用。例如，新闻协会广告委员会曾对约4000名调查对象进行过调查，结果显示读者对报纸的媒体印象和评价远高于电视、广播、杂志、互联网等其他媒体。半数以上的调查者认为报纸是“必不可少的信息源”，“具有社会影响力”，“对了解区域性和当地新闻很有帮助”，“富有理性”，等等。另外，49.5％的调查对象认为作为社会成员接触报纸传媒是非常重要的（日本新闻协会“2003年全国媒体接触·评价调查”）。

从前，报纸被称为“社会木铎”。“木铎”原本是中国古代的一种器物，是以木为舌的铁铃。从前在宣布政教法令时，巡行振鸣以引起众人注意。由此转义为警醒世人、教导人民的“社会木铎”。当报社的记者和编辑自觉意识到报纸是“社会木铎”时，他就会明白报纸是言论机关，是为了守护民主主义社会和启蒙社会而存在的，同时被这种使命感所驱使。

这种使命感在世人眼中或许是价值观的强加，或许令人作呕。最近我感到报社有营业主义的倾向，这令我危惧。我很遗憾言论机关的使命感变得淡薄了。当然，自以为是的使命感也不可取。饭菜即使再有营养不好吃也不行。但是，报纸在这方面做得还不够。这从刚才所介绍的媒体调查中也能看出来。调查结果显示67.8%的调查对象认为民营电台更具有亲和力，认为报纸有亲和力的比例仅为34.8%，比民营电台少了一半左右。另外，45.5%的调查者认为民营电台通俗易懂，但是认为报纸通俗易懂的比例为32.8%，仍旧低于民营电台。

报道机关的关心在其所举办的宣传活动中表现得最为明显。希望读者关心舆论时，如果此时恰巧有与之相吻合的事件发生或者调查结果出现的话，报道机关会毫无疑问地判定这些内容就是应该报道的新闻。所以，编辑和记者想让更多的人知晓此事的心情和心理也会在新闻选择时发挥作用。

为揭露社会的不公正，报道机关独自进行调查、报道的新闻也属于“报道机关的关心”的新闻之列。

选择新闻的两条标准，“读者的关心”（确切地说应该是报道机关所推测的读者的关心）和“报道机关的关心”，也就是报道机关认为重要的关心，在这两条标准的相互作用下产生了新闻。大部分的新闻既满足读者的关心（报道机关推测的）也同时满足报道机关的关心这两条标准。但是，有时候报道机关也会报一些使命感不强，但是读者非常关心的事情。与此相反，有时候也报道一些读者并不太关心，但是受使命感驱使报道机关认为必须要报的新闻。

3. 决定新闻价值的要素

前面已经论述过新闻选择的两条标准，下面我就具体说一说报道机关推测会成为新闻的都有哪些事件。

花田教授等在《新闻报道实践教育讲座》中引用美国的教材说明了对新闻价值判断的8个要素。①时效性；②冲击力；③是否著名；④接近性；⑤对立、争端；⑥异常性、非日常性；⑦流行性；⑧必要性。如图2－3所示，其实判断新闻价值的要素还有许多。例如：东京台东区的入谷有一座供奉生育女神的寺庙叫真源寺，该寺每年7月的6、7、8号有举办早市的惯例，媒体每年都会报道这个早市的情况。“夏季风情”的词汇则成为报道此早市的套话保留下来。因此，有季节感的事物也是成为新闻的重要原因之一。另外，如：斑嘴鸭妈妈带着小鸭子在护城河里游泳也成了新闻。2002年有人在东京的多摩川看见了海豹，之后它在横滨市的河流中也出没过，成为人们一时热议的话题。这类新闻与其将之归类为异常性、非日常性的新闻，不如说是让人倍感轻松的话题，用当前流行的说法或许应该说属于温馨类的新闻。

在我当记者被派驻报社分社的时代，高中生在毕业仪式上批判学校和教育是常有的事情。用中国“文化大革命”的话来形容就

决定新闻价值的要素

① 时间上是新发生的
② 冲击力
③ 是否著名
④ 接近性
⑤ 对立、争端
⑥ 异常性、非日常性
⑦ 流行性
⑧ 必要性
⑨ 其他（季节性、温馨……）

图 2—3

是“○○高中造反运动”。这类报道在当时的报纸上随处可见。当年我也采访了一所女子看护学校的毕业典礼。典礼在晚上举行，典礼开始后，毕业生们终于拿到了历尽辛苦才得来的毕业证书。那份喜悦与即将毕业离校的悲伤都化作了眼泪，整个会场充满了抽抽搭搭的呜咽声。烛光中毕业生们流着眼泪与母校告别，踏上了新的旅程。我拍下了当时的场景，图片与“各地造反运动毕业式中也有饱含泪水的”为题的文章一起刊发，被许多报刊转载。像这样媒体总是对另类和异常事件表示关心让读者感到非常厌烦的时候，这种正常的、平常性的事件反而成了新闻。

新闻是由“读者的关心”与“报道机关的关心”这两条标准相互作用形成的。我原本想就此结束本章的，但是如果只谈以上两点的话，恐怕会被业内人士批判观点过于单纯和理想化。

4. 报道机关的内部事由

如果仔细观察一下被报道的新闻就会发现，有些新闻与读者的关心和报道机关的关心都不沾边，但是此种新闻仍旧会被大量转载。也就是说在选择新闻时，除了上述的两条标准之外还有其他标准。把这种标准用“报道机关的内部事由”来表述可能更通俗易懂。什么是新闻，除了报道机关的关心之外，还有一条标准就是报道机关的内部事由。这个标准在选择新闻时所起的作用就像偏光棱镜片一样，如图 2－4 所示。下面我分别举例说明。首先是报道机关采用怎样的采访体制。比如有个时期，某家特定的媒体可能会大量报道关于南极方面的新闻。这是因为那家媒体得到了可跟随南极科考队到南极进行考察的随行记者名额（两名），因此派出了记者。编辑们并非是觉得既然花了钱，不把成本挣回来的话就亏了才发报道的，而是认为既然派记者出去采访了，就应该大量发报道。而且这类报道能体现出与其他报社的不同，所以稿件会被大量转载。

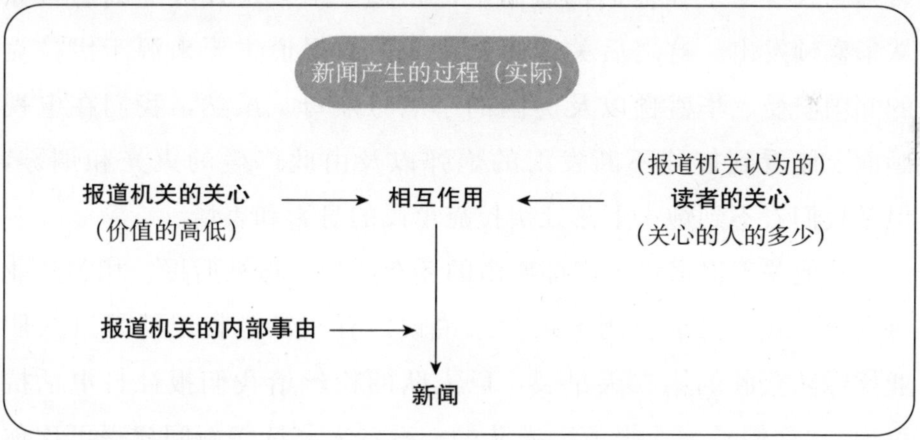

图 2－4

日常生活中常发生这样的事情。一旦有重大事件发生，报道机关就会派出大批的记者、摄影师等报道团队。这样一来，报纸的版面上以及电台可能全被这类新闻所充斥。刚开始时，由于读者的关注度高，因此成为典型的吻合上述新闻选择的两条标准范畴内的新闻。但是，随着时间的推移读者会对此类新闻产生厌烦，也就是说与读者的关心不再紧密相关，另外报道机关的关心也变得日渐稀薄。但媒体还是一直报道得很起劲。这是因为被派出去采访的记者大家都你争我赶不停地往回发报道的缘故。这样一来，编辑也就只好不断地签发此类稿件。而且并非发生突发事件时才会出现这样的情况，而是每天都会发生，已经成为一种模式和结构。正如平常派往永田町的记者是如此众多，所以才会有这么多的政治新闻。

与此相反，2003 年 3 月 20 日美国在攻打巴格达前，共同社记者在开战前最后一刻撤离了。对伊拉克战事的报道，血淋淋的现场报道全部来自战地自由记者的报道。各媒体考虑到记者以及摄影师的人身安全让他们都撤出了巴格达。结果是开战的消息首先从华盛顿发出。这之后关于伊拉克战争的报道主要来源于伊拉克的邻国安曼、华盛顿以及美国的小鹰号航母。虽然，我们在电视画面上能看到接连不断发射的炮弹以及由此产生的火光和烟雾，但是我们看不到炮火下落处伊拉克市民的身影和表情。

其他关于报道机关内部事由的还有诸如：报社后援、相关产业等内容。我可以举个例子跟大家说说。有一次，我记得是巨人职业棒球队获胜的第二天早晨，巨人队的粉丝给我们报社打电话抗议说："你们是怎么报道巨人队的？看看人家读卖新闻报得可比你们多多了。"巨人棒球队隶属读卖新闻集团，读卖新闻大张旗鼓地报道巨人队胜利的消息也是在所难免。

另外，还可以把报社内部事由的范围和内容扩展得更广一些。与其他媒体的采访竞争也会对报社内部事由产生影响。最通俗易懂的就是报道独家话题。如果能采写别的报社写不了的稿件，不仅可以让读者了解本社的新闻产品与其他报社的不同，而且还可以起到凸显和宣传本社优势的作用。本来记者和编辑并非刻意为了让本社的新闻更畅销而区别于其他，只是单纯地认为写一些独家报道的感觉很好。

各家报社如果同时报道同一件事情的话，即使不是什么大新闻也会变成特殊话题被一而再、再而三地渲染、放大。这是因为不能无视自家报社被单独落下，所以不管如何也要先把它制作成新闻报道出来。这就是业界所说的“跟风”。如果编辑、记者认为那个事件称不上新闻，其实是不应该跟风的，但实际情况是不跟风需要很大的勇气。第二天，别的报社都跟进报道，只有一家报社不报的话，用业界的话来说就是“超级落伍”了。

与采访对象的关系也是在报社机关内部事由中起作用的一个矢量。记者为了挖掘新闻就必需珍惜、重视新闻线索的提供方，特别是当线索提供方有能力提供大新闻时。有时新闻线索提供方还会协助记者采写新闻。关于这部分内容我还会在后面详细论述。

在此我还想提醒一下负责日常新闻的新闻编辑们注意，不要因为报道机关的惰性而对那些应该成为新闻的事件视而不见。报纸的头版常常被政治新闻填满。从日本未来出路的角度来看这是很严重的问题，读者应该关心。这也是“报道机关的关心”的标准起作用的结果。还有一种惰性是只要把某个内容往头版一搁，既简单又能体现出新闻应有的样式。例如，关于选举的报道。“明天公示○○选举”的报道常常被放在报纸的头版头条，或者放在报纸头版的左上方作为大新闻加以报道。第二天的晨报中又接着出现“今天公示○○选举”的报道。有些读者可能会想每天的大新闻难道就是这些关于选举的新闻吗？而作为报社方则认为选举是民主主义的体现，应该让广大读者知道、了解。同时这也符合“报道机关的关心”这一新闻选择标准。但是每逢选举时都制作如此的版面，与其说是使命感，“报道机关的关心”，不如说是惰性。说惰性或许有点过，但我认为这种报道方式确实是以固定模式在报道新闻。

5. 与历史性事实做比较

如前所述，对关于什么是新闻的论述，或许会给一直以来都认为新闻有绝对性的人泼了一盆冷水。但是非常遗憾的是新闻确实不是绝对性的东西。不像数学或者物理、化学有很明确的标准。新闻说到底还是相对性的东西。不知道大家是否知道爱德华·霍列特·卡尔这位历史学家？我上大学时，学社会学课有一本必读的书就是他写的，书名叫《什么是历史?》（1962 年出版）。后来，清水幾太郎把这本书翻译成日语成为岩波新书。卡尔对历史的论述我认为可以套用到新闻上来。

他引用对 20 世纪的历史和哲学有过重大贡献的思想家柯林武德的历史观，这样阐述“历史性事实”：“历史上的事实不是以纯粹形式存在的，而且有些事实是不能存在的，所以绝对不是以纯粹的形式出现在我们面前的，也就是说总是通过记录者的心折射出来的。”

我觉得如果把他这段话中的“历史上的事实”换作“新闻”，把“记录者”换成“报道机关”也非常吻合。

另外，他在书中还这样写道：“事实这个东西，绝对不是我们在鱼货店里亲眼看见的那些生鲜活鱼。更可能是在广阔的甚至是我们不能靠近的海里游动的鱼。历史学家捕捉到什么有偶然的一面，但是更多的情况要看他在海里什么地方钓鱼，以及他所使用的钓鱼工具。当然以上两个要素是由他所想钓的鱼的种类决定的。从整体来看，历史学家是从自己喜好的事实入手来编写历史的。”我觉得把这段话中的“历史学家”换成“记者”也是贴切的。

卡尔为了论述历史并非是把过去的事实客观地集中在一起这个观点，列举了一种历史观。这种历史观如果发展过了头就会出现危险。这种危险表现在不重视历史事实，历史是从历史学家的脑子里编撰出来的。也就是说历史学家只选择那些对自己的解释有利的事实来编写历史的危险性。

对此，卡尔认为，尊重事实是历史学家的义务，关于如何尊重事实，他写道：“这种尊重并非只是确认事实是否正确就完了，而是你是否尽力描述出了与研究主题以及解释相关的一切事实。不管这些事实是已知的还是所能得知的。”最后，他对历史做了如下的总结：“所谓历史是历史与事实之间不断相互作用的过程，是现在和过去之间无数无法知晓的对话。”

关于什么是新闻，其实是论述新闻是怎样制作出来的。这个世界上不存在纯粹的、绝对的新闻，只有被媒体采用的才能成为新闻，这一点我希望大家一定要理解。正如卡尔指出的那样，在新闻报道中也存在肆意集中事实报道新闻的危险性。为了防止出现这种现象，正如卡尔所说要尊重事实。关于这一点大多数编辑和记者还是明白的。比如：“如果要写十份的话，就要采访一百份”，“事实必须要多方确认”，“先要质疑新闻线索提供方”，等等。这些都是在记者教育过程中，前辈们传授给后辈们的经验。这些经验也是在尊重事实的背景下总结出来的。

虽然报社已确立了以此理念慎重选择新闻事实的制度，但是社会上还是存在报社是否真的把重要新闻告知了读者的批评。如果说这种批评击中了报社的弊端的话，那么这个弊端与编辑、记者的理念无关，我认为是报社的结构问题。报社在制作新闻的结构上确实存在问题。下一章我会对这个结构性问题进行具体分析和论述。

第 3 章　新闻的变质

1. 两位报社社长的就职演说

在前一章中已论述过新闻是由“读者的关心”（确切地说是报社所推测的读者的关心）与“报道机关的关心”（编辑、记者的关心）这两条标准相互作用以及报道机关的内部事由左右而产生的。

下面我们来比较一下 2004 年 6 月每日新闻的北村正任社长和产经新闻的住田良能社长在就职讲话中对“什么是新闻”的理解。见图 3－1。

北村社长在报纸销售处说：“借此机会我想在此与大家进一步确认一下我们的共识。”而他所说的“共识”就是每日新闻在承担社会使命的同时，还要稳定公司的经营。北村社长所说的“社会使命”指的是“与读者一起创建一个成熟的社会”。而这个所谓“成熟的社会”的内涵是“支配与被支配关系淡薄，每个人都可以选择自己的生活方式。这样一个由个人集合起来的全体。在这个社会中每个人都是政治以及经济生活的主人公”。这属于前面所提

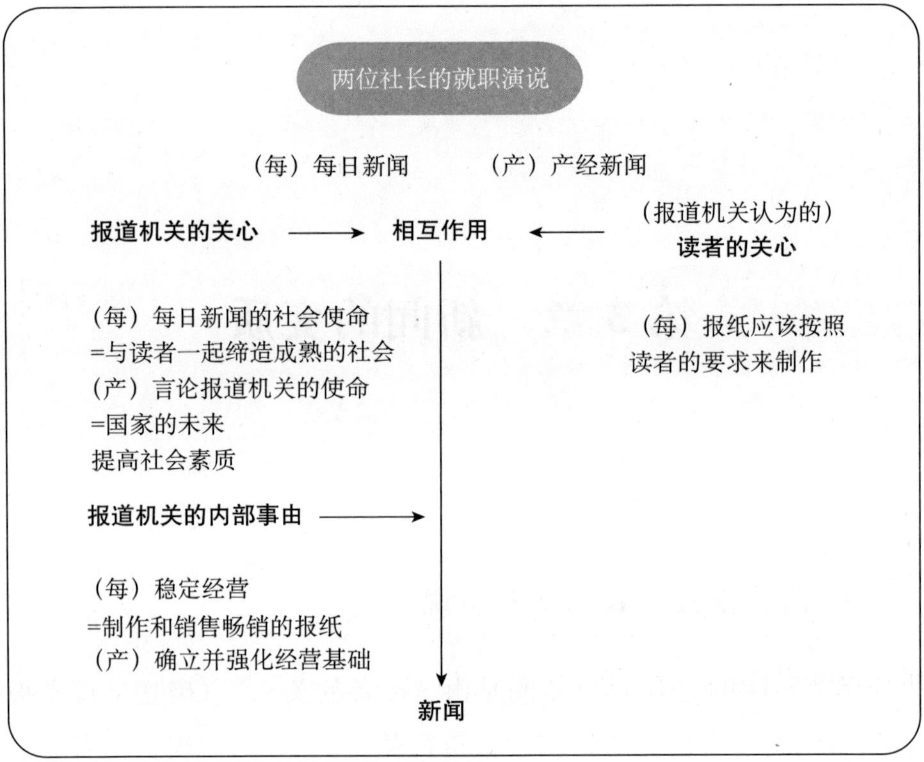

图 3—1

到的“报道机关的关心”。稳定公司的经营则属于“报道机关的内部事由”。

北村社长认为：为稳定公司的经营有必要把销售置于新闻报道这一本业之上。他制定的目标是“制作有卖点的新闻，把报纸卖出去！”并且他还要求报社所有的部门都要行动起来，全力贯彻实施此政策。在此之后的一次记者招待会上，有记者问北村社长：“什么是有卖点的新闻？”北村社长这样回答道：“编辑认为的好新闻不一定是有卖点的新闻。所以我们要牢牢抓住读者的需求，按照读者的需求来办报。报社认为这些内容应该告知读者，但只考虑这些是不够的，必须要意识到读者的需求和想法。”也就是说北村社长认为比起“报道机关的关心”来，更应该以“读者的关心”为重心来办报。

另外，产经新闻的住田社长在记者招待会中是这样阐述报社经营理念的。他说：“本报作为言论机关之一，今后在进一步发挥言论机关的使命作用的同时，还将巩固和强化经营基础。”他所说的“发挥言论机关的使命作用”属于“报道机关的关心”，“巩固和强化经营基础”属于“报道机关的内部事由”。然后，有记者问住田社长对活字印刷媒体的展望，对此，住田社长回答说：“报纸在媒体中占压倒性优势的时代已完全过去。但是，从国家的未来以及提高全社会素质的角度来看，报纸是绝对不可或缺的媒体。因此，报纸必须保持自身的高品质不能使其衰退。”

也就是说，住田社长一方面承认报纸已失去从前在媒体中所具有的压倒性优势的同时，另一方面认为应该重视“报道机关的关心”。

下面我们用产生新闻的两条标准来分析一下每日新闻北村社长的就职讲话。属于“报道机关的关心”的“创建成熟社会”如果与“读者的关心”一致的话，就很容易实现制作出“有卖点的新闻，把报纸卖出去”的目标。也就是说如果“报道机关的关心”与“读者的关心”偏离得越小，报纸就越易读，经营也就越稳定。但是，实现这个目标必须有个前提条件，那就是报社所处的社会价值观要大体一致。对报社来说，过去确实曾有过这样一个好时代。在美国和苏联冷战时期，虽然存在两大阵营思想上或者说是社会制度上的对立，但是，社会全体对世界和社会的组织结构还是有共同认识的。然而，正如我在前面“新闻界的现状与危机”中所述，那个时代已经结束了。我举的是演艺界山口百惠的例子来说明的。在价值观多样化的今天，“报道机关的关心”与“读者的关心”很难相一致。所以，要想达到北村社长所说的“制作有卖点的新闻”，最关键的一点就是如何契合这种多样化的需求。然而这绝非一件易事。对此，北村社长也有清楚的认识，因此，他在记者招待会中坦言说：“目前没有什么好办法。”

每日新闻和产经新闻都是位于东京的报社，那儿的报纸销售竞争非常激烈，两位社长面临的环境也是异常严峻。在此状况下，比较两位社长的就职演说，我对住田社长的讲话更有同感。虽然《产经新闻》与我们《信浓每日新闻》的论调很不相同，但是，我跟住田社长一样认为要重视报纸与其他媒体相比最具使命感的特性。虽然，我们不得不承认报纸在媒体中占压倒性优势的时代已经过去，但正因为如此才更应该重视并保持报社使命感的特性。从长远来看，我认为这也是报社赢得国民信任，存活下去的理由。

另外，还存在一种非常极端的媒体理论。这种理论完全以“读者的关心”为唯一评判标准。这种理论的代表性人物就是日本网络媒体公司“活力门”公司的堀江贵文社长。他本人也曾因大量收购日本广播电视公司的股票而名噪一时。一位名叫江川绍子的新闻记者曾在自己的网页上发布过对堀江社长的采访。采访中堀江社长表示，在互联网上点击率高的报道就是好报道，与此相反，点击率低的就是“垃圾报道”，即使很重要也不会发布。也就是说，对新闻报道的选择完全以读者的人气排行以及市场原理来判断。我在前面说过，国民对报纸作用的最大期待，如果用饭店的厨师来比喻的话，是厨师兼营养师的职责。但是，如果按照堀江社长的理论来判断的话，就变成了报纸只提供垃圾产品。

2. 图像媒体特别是电视对新闻的影响

读者的关心会受到多媒体的影响。受这些因素的干扰，报纸的新闻选择标准也就变质了。其中图像媒体尤其是电视的影响最大。电视台的新闻以及所谓具有报道风格的资讯类娱乐节目影响了收视者的关心，对此报纸是不能忽视的。

电视在选择新闻时与报纸最大的一点不同是能否构成图像，即是否能拍摄成画面是左右新闻评价的一大要素。报纸认为不是很重要的内容，但如果可以拍摄成画面的话，很容易成为电视报道或者资讯类节目的选择对象。见图 3－2。

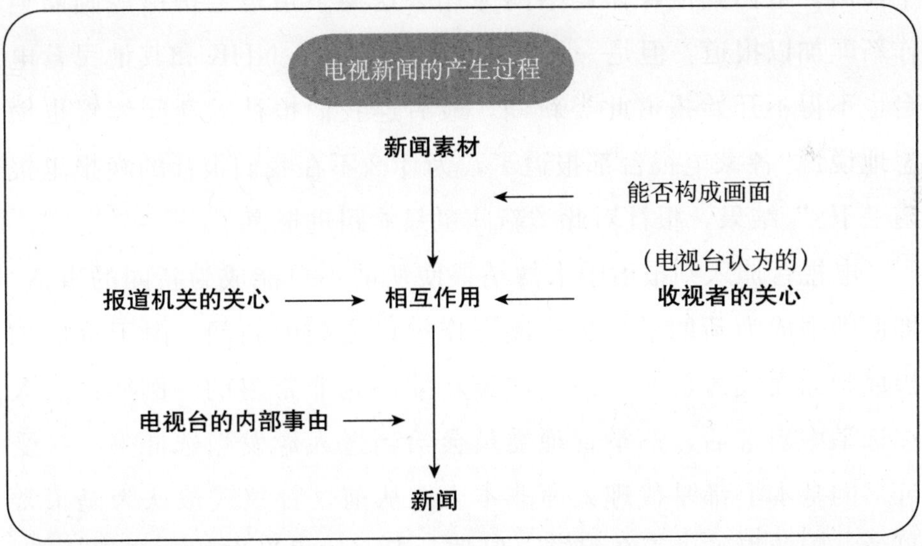

图 3—2

我被派驻分社时，当时长野县只有两家电台，一家是 NHK，另外一家是信越放送。之后，又陆续新开了 3 家民营电台，于是记者俱乐部中也新增了不少新兴电台的记者和摄影师。最初，那些刚刚成为记者的新人在俱乐部里显得非常拘谨。

但是，不久我们这些老记者就被新记者们折腾得晕头转向。电视台在午间时段会播出当地的新闻。如果当天有事件或者事故发生的话，这个空当就有内容填了，但是如果没有的话，就无法填这个空了。于是他们只好把县厅内的活动等拍摄成画面作为午间新闻在电视里报道。报纸对于这些内容基本上是不会报道的，即使报道充其量也只是作为不附照片的短讯来报。

比如，市民或者市町村的领导人来县厅向某部门陈情这类事情，如果发生在上午，报纸会酌情在第二天晨报中的短讯栏里刊登出来，但是电视台会直接把陈情的情景拍摄下来，在午间新闻中播出。最初其他媒体还纳闷为什么这类事情也会拍摄成画面当作新闻加以报道？但是一旦新兴电台报道后，NHK和其他民营电台也不得不开始报道此类新闻。最后连我们报社的新闻编辑也愤怒地说："各家电视台都报道了，为什么不在我们报社的晚报里报道一下？"结果，报社对此类新闻也只能跟进报道了。

电视台加入到报道中来的结果使从前不可能成为新闻的事情，即使勉强成为新闻最多也只能算作短讯之类的新闻，由于可以拍摄成画面而成为新闻。并且这类新闻还是非常多的。例如：某人在选举中当选后，选举管理委员会给当选人颁发当选证书。接受证书的基本上都是代理人而非本人。从前这种仪式被认为是很常见的，因此报纸也不会报道。但是，现在如果没有什么新闻的话，电视台也会把颁发当选证书这类场景拍摄下来，作为填补空白的填充物在地方新闻的时间段中播出。

在电视节目中有一种所谓具有报道风格的资讯类娱乐节目，这类节目需要时长很长的图像。这种所谓报道风格的娱乐节目，就是在提及新闻事实时，播放电视剧中的音乐当背景音乐，然后再配上独特的旁白和卡通画中常出现的语音气球进行改编。而且制作此类节目的既不是电视台的制作部门也不是报道部门。制作此类节目的目的主要是为了提高收视率。因而还常常存在造假的问题。虽然此类节目中也会有解说者对新闻事实详尽地解说和评论，但原则上还是属于娱乐节目。然而，此类节目作为新的尝试在各家电视台播出之后，受到收视者的喜爱。也就是说，此类电视节目对我前面所说的“读者的关心”产生了影响。这样一来，此前不可能成为新闻的内容和消息现在俨然变成了新闻。

下面举个例子来具体谈谈这个问题。2002 年 8 月媒体报道了海豹在东京附近出没的消息，而由此带来的骚动竟持续了一年多。本应该生活在北极圈附近的海豹居然在东京的多摩川附近出现，之后在横滨和埼玉也有人亲眼目击到此情景。于是一时间，河流两岸挤满了手持望远镜以及照相机的人群，大家争先恐后想亲眼目睹海豹的尊容。当一个社会经济不景气，人人感到前途暗淡时，确实会憧憬和渴望一些光明的或者让人倍感轻松的话题。因此，海豹在东京附近出没这个让人感觉轻松的话题自然也就成了新闻。但是，我一直很质疑的一点是，这条新闻是否有在电视台长时间报道播出的价值？难道就没有其他该报的内容了吗？

其实，日本的古文献中就曾记录过海豹南下在日本海附近出没的消息，这并非什么新鲜事。大城市与海豹不匹配的意外性让东京的大电台扑上去连续报道了好几天。这也引发了人们想亲眼目睹海豹模样的骚动。评论家把这种现象称之为“媒体事件”。最近，有报道说在新潟县圣笼町的加治川河口附近以及宫城县歌津町也发现了海豹，大家还给海豹起了可爱的名字，但这两个地方倒是没有引起什么特别大的骚动。

3. 图像媒体所存在的问题

在电视台工作的记者以及从事报道的媒体人跟报社记者一样，是抱着新闻记者的使命感工作的。就拿我自己来说，就从跟我一起工作的前辈记者那里学到了很多。长野县的两家电视台——信越放送和长野放送曾制作出优秀的纪录片，共同竞争新闻协会奖。从这一点来看，长野县可能比较特殊。除长野县外，其他电视台不管是小台还是大台，也都制作出了不少优秀的节目，也有不少优秀的媒体人。

尽管如此，我还是不得不批判图像媒体。原因是电视为了提高收视率，有对信息进行加工的倾向。这使得收视者可以轻松收看电视而不用费什么脑筋思考。

2004 年美国攻打伊拉克。在美军侵占伊拉克后有一位名叫绵井健阳的自由记者仍然留守在巴格达，并不断发回关于战争的视频。后来他制作了一部伊拉克战争的纪录片，片名叫《伊拉克战火中的小鸟家族》。2005 年 5 月的一个星期六，我在东京新宿的电影院观看了这部纪录片。看完之后，我感觉像是给了自己当头一棒。作为日本的媒体，关于伊拉克战争我们没有传达和报道的内容实在太多了。尤其让我感到羞耻的是日本媒体所拍摄的自卫队的画面。当时，日本的自卫队被派往伊拉克南部的萨玛沃，一名貌似自卫队队长的人一边吃饭一边不断地摆出各种姿势让媒体拍摄。用这种画面能报道伊拉克战争吗？

绵井健阳拍摄的电影让我切切实实地感受到了真实的战场。其中的部分画面大家可能在电视中也看到过，但是为什么临场感会有如此大的差别？电影导演兼纪录片作家森达也解释说："绵井的电影里没有任何背景音乐和旁白。因此，观众听到的不是爆炸的巨响以及高声的尖叫，而是市民的呜咽、叹息声以及孩子们的自言自语。正是这些在电视中听不到的日常的声音传递出战争的真实。"

虽然本书并不是探讨图像媒体的书籍，但是，如果要指出在新闻报道中图像媒体所存在的问题的话，我觉得森达也导演的一席话道出了问题的关键。俗话说"百闻不如一见"，图片和画面能告诉我们很多。不像写文字稿许多阐述需要附上大量的数据说明。虽说图像有其优势，但是图片和画面是否真的传达了真实和真相，有时候确实有，但是也有并没有传达真实和真相的时候。

我认为图像之所以没有传达真实的一个重要的原因就是，为了让观众轻松并且明白易懂地收看电视，对新闻做了包装和改编。

森达也导演这样指出目前图像媒体所存在的问题："最大的问题是被收视率这个竞争原理所支配（常用旁白、滚动字幕、背景音乐），舍弃暧昧、内心冲突、纠结以及烦闷等元素，埋头制作将所有事件和现象易于被收视者接受的信息还原工作。其结果是离真实越来越远。"（《纪录片在说谎》，草思社，2005年。）

我年轻的时候，为了采写各地市民运动的连载文章曾到全国各地去采访过。当时，电视上曾报道过东京都内某住宅小区的自治会开展禁止车辆入内的运动。电视台当时播放的画面是，只要车辆一驶入小区狭窄的通道，自治会的妇女们就会立即出来阻拦。但是我去实地采访时，自治会的妇女们却对我说"平常是不会去阻拦的”。之所以那么做是因为电视台的人要求她们那么做的。

造假问题出来之后，2001 年 9 月我作为地方电视台的节目审查员，关于造假问题曾询问过一位大电视台的节目编制审查局的副理事，请教他的意见。他是这样回答我的：“如果把 0 说成是 1 的话，就是造假。但是把 1 夸大成 7 或者 8 的话是包装。”我对他的解释深感震惊。

如此包装出来的图像在民间播放得越多，恐怕人们就越无法看清真实和真相了。

我对图像媒体的另一个担心是沦为权力者的宣传工具。这是因为只要是能构成画面的事实就能成为新闻，所以权力者会利用这一点做出许多让自己更易于上画面的举动。见图 3－3。小泉纯一郎首相在新闻发布会上积极应对并回答媒体的提问就是典型的例子。2004 年参议院选举时，舆论预测选举结果对自民党不利。为此，小泉首相硬是在投票前一天会见了朝鲜人质问题的受害者曾我瞳和詹金斯。或许是因为选举人看出他这么做是为了拉选票，所以基本上没起到什么效果。但是，在 2005 年的首相大选中，为了对抗反对邮政民营化法案的议员，自民党把赞成邮政民营化的候选人派往反对派所在的选区参加竞选。当时电视台把自民党的这种选举战术作为热门话题大报特报，结果自民党在选举中大获全胜。后来许多媒体人士分析说此次选举的胜利与小泉首相善于利用媒体有很大的关系。

在参议院选举后不久，又曝出长野县的白骨温泉把泡澡用的浴盐撒入池中冒充温泉的新闻，并且是以独家新闻的方式刊登在周刊杂志上。通常这种事情只需派保健所的职员前往调查即可，但是长野县的最高行政长官田中知事却亲自去查看了现场。当时，

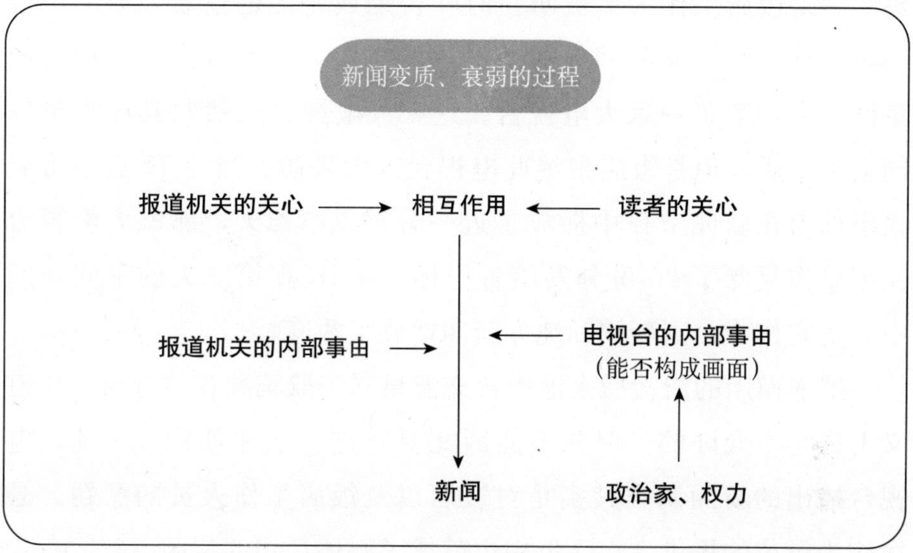

图 3—3

NHK 拍摄下了田中知事认真严肃的表情并制作成新闻在全国播出。5 天后，新潟县因连日暴雨受灾，小泉首相亲自前往灾区视察灾情。这一次 NHK 又把此事作为新闻在全国范围内报道。看了这些电视报道后，我忽然感觉 NHK 似乎很乐意为政治家做宣传。之后我也问过记者对田中知事和小泉首相这两个人的看法，记者们回答说，这两个人的共同点就是能在镜头前不断变换表情并总是显得精力充沛。

在刚才所提到的白骨温泉事件中，田中知事的做法引发了我对媒体与权力关系的思考。但是真正对这个问题进行深入思考并做了报道的只有信浓每日新闻和产经新闻两家报社。

当某饭店被告发使用泡澡用的浴盐冒充温泉的消息传到县厅时，县知事与部长竟然进入饭店内部进行调查（其实从法律的角度来看他们根本无此权限）。当时，饭店的工作人员正要从储藏间里往外拿泡澡用的浴盐时，被县厅职员发现。录像拍下了两个镜头。一是饭店工作人员被叫住时吓得缩成一团的情景，另一个镜头是发现了藏在储藏间里的泡澡用的浴盐。最后长野县厅把这段录像只提供给了一家大电视台。这家大电视台虽然跟县厅官员一同去了饭店，但是饭店拒绝此电视台入内采访。当晚 11 点白骨温泉事件就在新闻节目中播放了近一分钟。第二天，那家大电视台又把录像复制了 20 份分发给各媒体，NHK 在第二天的午间新闻中，把它作为全国新闻和地方新闻播放了两遍。

把泡澡用的浴盐撒入池中冒充温泉属于欺骗顾客的行为，从道义上讲是不允许的。但并不能因此对它进行法律惩罚。因此，电视台播出的新闻调查其实是对饭店以及饭店工作人员的惩罚。县厅作为录像的提供方，无形中也就成了媒体惩罚的帮凶。

从前，媒体对于当局提供的图像是很慎重的。报社曾为是否可以使用自卫队自己提供的图片而伤脑筋。这是因为媒体对不能重蹈战争时期的报道管制很在意。但是不知从何时起，媒体开始毫无抵触地使用当局提供的图片和影像。感觉麻痹是一件可怕的事情，这是从何时开始的呢？1991 年 6 月 3 日长崎县岛原市云仙普贤山火山喷发，由此形成的火山碎屑流造成了 43 人死亡和失踪。或许就是从这个悲惨事件之后开始的吧！

只要事先牢牢把握了新闻的本质，并敢于冒可能成为权力者宣传工具的危险，就一定能判断出哪些图像才是必要的。

4. 确立牢固立场的重要性

为了不受图像等其他媒体的干扰，不迷失对新闻报道本质的认识，我认为记者和编辑对什么是新闻怀抱坚定的立场和信念是很重要的。

新闻产生过程中有两条标准。追求“读者的关心”从日常的角度来看确实很重要，但同时不能忘记“报道机关的关心”。借用两位社长的话来说就是从“言论・报道机关的使命”派生出来的价值来思考什么是新闻。

新闻记者皮特・哈米尔写过一本《NEWS IS VERB》的书。直译过来就是“新闻是动词”（“新闻报道”，日经BP社，2002年）。日本人大都知道由山田洋次导演拍摄、高仓健和倍赏千惠子主演的电影《幸福的黄手绢》。这部电影就是根据哈米尔的作品改编的。他出生于纽约的布鲁克林区，是地道的纽约人。他所写的随笔《纽约写生》也被译成日文，广为人知（1982年河出书房新社出版）。哈米尔是一位独特的新闻记者、编辑。1960年他成为纽约时报的记者，以此为契机他先后活跃在多家报社，并担任过纽约时报和纽约每日新闻的总编。

下面我们看一看他在《NEWS IS VERB》这本书中所提的主张。他在书中这样写道：“在所流通的大部分报纸中，除惊天动地的新闻之外，也登载一些轻松、滑稽有趣的消息。就像百货商店不仅只卖衣服和家庭日用品，也卖玩具和游戏机一样。有些文章写得充满理性和机智；也有些文章让人感觉狂妄不逊；还有些文章读后会让读者开怀大笑。但是不论何种体裁和类型的报道，报道本身必须属于新闻报道的范畴才行。新闻的核心是应该有值得报道的动词，也就是说必须有值得为读者传达的某种行动和趋势。”（武田彻　译。）

另外，哈米尔在此段的前一段还指出报纸和杂志存在被“名人病”侵蚀的时代病。记者和编辑明明知道名人的话没什么阅读价值，但他们确信大众对名人的信息有需求，所以就不断报道关于名人的话题。比如：美国纽约房地产公司的经营者唐纳德·特朗普为了使自己出名，甚至主动向媒体提供自己生活和离婚的消息。哈米尔认为媒体热衷于报道此类消息是有问题的。对戴安娜王妃因为车祸身亡的报道也是如此。这个事件本身是有报道价值的大事件，但是事故之后，媒体还在不停地报道关于王妃死亡之谜、葬礼的感伤景象、王妃的绯闻男友以及王子们的话题。对此，哈米尔批判说："就如同约翰·肯尼迪以及玛丽莲·梦露死去时那样，媒体认为只要刊登死亡的消息，尤其是名人死亡的消息，报纸就一定能畅销。"

"名人病"同样也存在于人物介绍的报道里。著名演员在他旅游途中下榻的饭店里举办了短短 15 分钟的见面会，此类见面会根本称不上是什么采访，最多只能说是宣传。哈米尔认为即使以此为报道线索进行采访也不能这么简单就结束了。他在书中写道："真正的新闻记者是不会参加如此空洞无物的仪式的。"

也就是说哈米尔所说的"新闻是动词"的真正含义是想告诉患上"名人病"的美国纸媒，不应该用名人的固有名词和照片来兜售报纸，而是应该先判断是否有值得报道的行动再报道。如果名人所做的事情有新闻价值的话，就应该报道，如果没有新闻价值，就不应该报道。也就是说，哈米尔主张判断一件事情是不是新闻，要看所发生的事对社会可能产生怎样的影响。

如果套用我前面所说的两条比较简便的标准的话，是不是名人属于"读者的关心"，是否有值得报道的行动或行为属于"报道机关的关心"。另外，我个人认为"新闻是变化"。"股价回升到 15000 日元的点位"；"平均寿命延长至〇〇岁"；"内阁支持率会变成怎样"；等等，都是典型的新闻。但事情并非单纯地在变化，而是从日本以及世界的大变化开始发生变化的。在政界表现为政党以及政治家的动向、地方政府的变化；在经济界表现为企业的合并、拆分与盛衰；在文化、社会上则表现为“流行”与衰退，新趋势、新倾向的出现；等等。这种变化是社会性的变化，属于现代史的一个片断，或者也可以说是“潮流”。

前面我们说过，“异常性和非日常性”是决定新闻价值的要素之一。“异常性和非日常性”看似是突然发生的事情，但是从时间的角度来看，其实是在我们没有注意的过程中逐渐发生了细微的变化，这种变化是从社会以及时代的底部积累发展起来的结果。从这个意义上来说，“异常性和非日常性”是对以时间为坐标轴来定位的变化事象与时间维度做了切割而导致的。柏林墙倒塌这件标志着东西方冷战结束的非常罕见的事件，就是很具有典型意义的代表性事例。因为柏林墙的倒塌绝非是一夜之间就能发生的事情，而是一个日积月累逐渐变化的过程。如果用“新闻是变化”的意识来看待纷繁复杂的事物的话，就能从中发现什么是新闻。

5. 确立保障制度

为了能准确判断是不是值得报道的新闻，在体制上需要怎样的制度呢？我在前面已经说过新闻是在读者的关心（报社所推测的读者的关心）与报道机关的关心（记者、编辑的关心）这两条标准的相互作用以及报社内部事由的左右下产生的。从这个产生的结构来看，最重要的是报社所推测的读者的关心是否真的与读者的关心一致。如果不是的话，就是选择并制作了偏离读者关心的新闻，这样也就不会引起读者的关心，报纸的销售也不会好。我认为报社应该重视支撑报社日常工作的制度。例如：报社设有负责回答读者询问并收集他们不满和抱怨的读者窗口；负责报纸销售的大部分工作人员还会直接与读者接触，询问他们对报纸的意见；另外，报社的工作人员也会对自己负责的栏目等听取读者的意见。这些制度是支持编辑部工作强有力的后盾。

另外，因为编辑部负责制作每天的版面，所以，我认为赋予编辑部自由判断新闻报道的权限也是非常重要的一项制度。也就是说要建立能尽量不受报社内部事由左右的新闻制作制度。我在前面曾提到报社的危机之一是总编地位的下降。总编或者编辑部的地位下降，报社的内部事由就会堂而皇之地通行，这样只为读者办报就会变得困难起来。

下面我用信浓每日新闻为例来具体说说这个问题。我们信浓每日新闻报社有尊重编辑独立的传统。这个传统是1898年小坂善之助担任社长时形成的。小坂善之助是信浓银行的行长，同时还兴办电力公司，是经济界的活跃人物。另外，他还是众议院的议员，报社的近代经营体制也是他建立的。当时，他为了把能代表日本的大记者招募到麾下担任最高编辑水准的主笔，就拜托自己熟悉的日本最著名的大记者德富苏峰帮忙推荐。德富苏峰推荐的是山路爱山。此人曾为德富苏峰主办的杂志《国民之友》执过笔。可以说爱山对信州的教育界人士以及年轻人的影响还是很大的。他笔锋自由阔达，对小坂善之助的政见也从不附和。一天，善之助社长遇见推荐人苏峰时，流露出对主笔山路爱山的不满。苏峰自言自语地说："如果山路不行的话，那恐怕只有让我德富苏峰代替山路爱山去你们报社当主笔了。"苏峰的这番话，让小坂善之助一下子顿悟到报纸是公器的道理。从那以后他不再干预编辑业务，把版面制作权全部托付给主笔，自己只负责报社的经营。包括善之助的两个儿子小坂顺造和小坂武雄等历代社长都一直继承着这个传统。后来，武雄社长在以“不插嘴编辑业务”为题的文章中记录了善之助与苏峰之间的那段逸话（《五十个报人》，电通，1955 年）。

在桐生悠悠当主笔的 1933 年，日本举办大规模的防空演习。首都圈遭受空袭的话，所受灾害将会非常巨大，但是防空演练根本解决不了什么问题。桐生悠悠认为与其举办防空演习还不如考虑在遭受空袭前如何阻止敌机的袭击。于是他撰写了社论《嘲笑关东防空大演习》。此社论不仅激怒了日本军部，而且还导致离役军人组织“在乡军人会”不买报纸的运动。当时，信浓每日新闻报社的社长小坂顺造进入政界，其弟弟小坂武雄作为社长代理主持和负责报社的日常工作。据说，当时武雄社长成为众矢之的，吃了不少苦，受了不少罪。（最后以报社不得不向强硬的军人会服软，桐生悠悠辞职收场。）

当然，总编也是在社长指挥下的董事会成员之一，关键时刻要跟社长交换意见，而不是一意孤行。由于笔祸事件而导致报社濒临危机，后来武雄社长回顾那段历史总结道：“我终于明白作为报社的经营者在编辑方面也负有责任。”不过，信浓每日新闻报社一贯坚持尊重编辑独立的原则，因此编辑部的工作开展得还比较顺利。

下面举一个例子来具体说明一下。我当主编时，某汽车销售集团以我社的新闻报道为由不仅取消在我社报纸上刊登广告，而且还掀起在本集团内不订我社报纸的运动。事情经过是这样的：长野政府准备购买两台领导用的汽车，某汽车销售集团要求在特定的车型中进行竞标，对此，我社报纸做了批评性报道。因为以往竞标都只是指定排气量和驱动装置，对车型并不做特别指定。对此县政府的说法是："销售那类车型的经销商有多家，因此竞争是成立的。"也就是说政府想把竞标行为正当化，但是，销售同类型旅行轿车的经销商却说："我们对此次竞标是否真的公正表示怀疑。"为什么这么说呢？因为，在特别指定车型这点上据传是因为田中知事说过○○车好，甚至还提及了车型。然而，田中知事在报道中回答为何选择此款车时却这样说："我们是在对各种意见讨论后，最终才决定购买此款车的。"

两个月后，那家汽车销售集团中止了不在我社登广告和不订报纸的决定。在这期间，从社长到广告部以及销售部的负责人谁都没跟我提过这件事。当时负责营业的常务理事身处困境，但是他说"报道是对县政府的批判"，于是就顶住压力支持了编辑部。

另外，从与权力的关系来看，我认为如果不建立起报社自身不与权力勾结、不被权力包围的体制和制度，无论怎样提高编辑部的地位都没有任何意义。

关于这一点，再以我社信浓每日新闻为例说明一下。新闻界的学者们每每谈及我社的特点时，必定会说的一点就是，我社从来不派人参加县政府等行政机关的审议会以及类似机关的评审会等，这也是我社一贯的方针。在田中担任知事之前，我社就一直拒绝县政府要求我社派人担任审议会委员等一切邀请。这是因为如果一旦与政策过程有瓜葛，就无法对权力进行批判。

然而，令人遗憾的是在国家级的各种审议会中，能看到一连串大名鼎鼎的报社记者的名字。这样一来，不仅让人质疑他们与权力的关系，而且还会招致读者认为他们所写的新闻报道可能是宣传的危险。

与国家以及行政扯上关系而不能抬起头来堂堂正正面对国民的做法，不该是报社应有的姿态。

第 4 章　独家新闻与新闻误报

1. 独家新闻与误报的关系

独家新闻与误报对记者来说，就像天堂与地狱的两个极端。为什么把这两个极端的事物放在一起讨论呢？因为它们之间的关系就像隔着一张纸。当写出一篇独家新闻时，常常会陷入“不会有错吧？”这种恐惧之中。能够不断用打消恐惧的材料进行填补的人，就可逃脱误报，写出真正的独家新闻。（填补到最后有时也就不是独家新闻了。）

当发生误报要求对此进行反省时，有人说这是因为“独家新闻意识太过盛行”。这种说法让人感觉有独家意识和竞争意识并非是什么好事。其实就好比对研究学问的学者来讲，竞争意识就是不断要有新发现一样，记者同样要有竞争意识。所以不该否定竞争意识。其实对敢于冒误报的恐惧感不足才是真正的问题所在。关于这一点，我会在后面详细论述。产生误报的情况多种多样，比如受截稿时间所迫等。尽管情况不尽相同，但是我认为导致误报的原因基本上可以说是对读者的责任感不够造成的。

2. 误报的种类

所谓误报是记者自己报告或者由第三者指出明确错误的新闻报道。如果记者自己不报告，或者没有人指出其中错误的话，误报可能就不会被发现从而堂而皇之地通行。下面就举一个典型的例子来说明。东北旧石器文化研究所的副理事长所写的文章《发现旧石器》（1981 年时被作为头版独家新闻报道），2000 年 11 月《每日新闻》发表独家新闻称之为“捏造”。然而在此之前，业界人士一直把他的发现当作“正史”，甚至还被学校当作教材使用。这是非常极端的一个例子。但是，在我们身边难道没有被封印的误报吗？

在报纸的社会版或者第 2 版的角落里一般都设有“订正”或者“致歉”栏。无论是订正还是致歉新闻其实从广义上来看都是误报。登在订正以及致歉栏里的误报大多是单纯性的错误。主要有三类，第一类是固有名词出错；第二类是数字出错；第三类是明明骨折的是右脚，却误写成了左脚之类的具体事实性错误。

另外一类是对事实的看法以及解释有错误。这也是误报。但对此类误报不订正、不指出任其堂而皇之通行的例子其实也不少。因为概而言之，这是相关人的主观问题，对是否存在根本性错误不好判断。这种误报只能依据情况的变化，判断它的错误。或者当事人提出异议，之后其他采访者对此重新进行采访后才会发现。比较可怕的是对事实的看法和解释错误产生的误报。为什么这么说呢？因为如果只是单纯性的误报，如订正固有名词、数字以及事实的话，同时可以更正人们的认识。而看法和解释产生错误的误报则会对人们的印象以及观念产生影响，一旦印刷成文字在社会上传播，其影响是很难消除的，从而造成社会问题。下面我所谈的误报主要是看法和解释产生错误的一类。

3. 造成误报的原因

大部分的误报都是由记者的错误导致的。或者是在采访阶段不够谨慎，或者是在新闻报道写作阶段发生了错误。总之是在这两个阶段的某个阶段出现了错误。为了防止错误的发生，一定要树立人的头脑是会犯错的意识，并对事实进行反复确认。除此之外，没有别的办法。人类的头脑目前来看比计算机优秀，但是跟计算机不同之处就在于人脑偶尔会犯错。

记者有时会故意制造误报。也就是说记者明知某件事不是事实，却仍旧作为新闻来报道。一定要举例说明的话，《朝日新闻》的珊瑚图片新闻捏造事件，再往前还可追溯到《朝日新闻》的伊藤律会见记以及美国华盛顿邮报的报告文学《吉米的世界》都是代表性事例。珊瑚礁事件发生在 1989 年，当时朝日新闻的摄影师自己先用闪光灯的柄在珊瑚礁上雕刻下“K・Y”的字样，然后拍下被刻上名字的珊瑚照片，发表了一篇《破坏珊瑚的 K・Y 是谁?》的图片新闻。后来，经过当地潜水员的调查，发现此新闻是捏造的。为此，朝日新闻报社的一柳东一郎社长引咎辞职，同时也辞去了新闻协会会长的职务。伊藤律会见记是 1950 年的事情了。当时 9 名共产党干部被通缉后潜伏起来，找不到踪影。伊藤律就是其中一人。就在此时，朝日新闻刊登了一篇文章说在神户宝塚的山林中与伊藤律会面的虚假报道。两天后在警察的介入调查下记者坦白文章是虚构的。捏造珊瑚图片新闻的摄影师当年41岁，而撰写虚构的伊藤律会见记的记者当年仅30岁。这两个人都是受功名心驱使而故意制造假新闻的。

《吉米的世界》的作者是女记者珍妮特·库克。她在作品中描述自己在毒品吸食者经常聚集的食堂里遇见了一个名叫吉米的8岁小孩。这个孩子从5岁起因为好奇开始注射毒品，到8岁时已经发展到对海洛因产生了依赖。作品发表后引起了很大的反响，她本人也因此获得了1981年的普利策新闻奖。后来因获奖而引发的内部调查发现其作品是虚假报道。

另外，还有利用互联网进行捏造和剽窃新闻的事件。代表性事例是2003年5月纽约时报的记者杰森·布莱尔因嫌疑剽窃其他报社的文章而辞职。据《纽约时报》报道说，调查结果显示：记者杰森·布莱尔在7个月间所写的73篇报道中，有36篇是剽窃华盛顿邮报以及通讯社的电讯稿或者捏造的新闻。据说布莱尔在报道中描写了收容伊拉克战争中负伤的美军士兵的海军医院，以及被戏剧性解救出来而成为人们热议对象的女战士的老家。对这些他没有去过的地方以及没有见过的人，他都像自己实际采访过那样进行描述。他利用手机和电脑隐藏自己的所在地，利用新闻报道以及照片资料库，不断捏造、盗用与相关人士的谈话和发稿地点。

这些误报恐怕都是由于记者的功名心而故意为之。与其说是误报，我觉得说是虚假报道可能更确切一些。这些误报与采访技术无关。因为确实有些人功名心太强，导致他们丧失了道德。但是如果无法确认录用员工品德的话，说明报社的组织结构、新人教育以及人事聘用有问题。

造成误报的原因有时并不是因为记者，而是由于采访对象。正如记者的错误和故意会引起误报一样，有时误报是由采访对象的错误与故意造成的。

采访对象也是人，所以也会犯错误。记得有一次村长记错了采访日期和地点，只好把此事写成新闻刊登在订正栏里。刚刚大学毕业不久的新记者，很单纯、直率，不会怀疑别人，所以常被采访对象的错误所连累。当新闻编辑发怒时，他们辩解说：“村长就是这么说的。”其实，如果跟采访现场的负责人确认一下是可以防止错误发生的。多方确认是采访的原则。

另外，由于采访对象的故意所造成的误报，与记者的故意所造成的误报一样，称之为虚假报道更确切一些。日本在二战期间的新闻报道就是典型的例子。日本明明是不断在打败仗，但报纸却总是报道说大本营称“歼灭了敌人”、“获得了胜利”之类的消息。另外，还有一种情况与误报没有关系，即战争期间报道机关被审阅制度束缚住了手脚，因此，也就失去了防止误报的自由。战后日本的报社对此做了深刻反省，并力图从权力中独立出来。

战后，“由于采访对象的故意所导致的误报”的例子比较少。因为即使采访对象说了瞎话，报道机关也不会轻易被愚弄，比起误报的问题来，虚假报道的问题更大一些。例如，1961 年彩电在日本尚未大范围普及时，在东京证券市场上市的东洋电机制造股份公司对外声称已成功研发出低成本的新型彩电，结果该公司的股票在证券市场上暴涨。其实这是东洋电机制造股份公司为抬高本公司的股价而扯的谎，结果因其违反证券交易法，警察对公司进行了搜查。其实对于当时低成本、新型彩电的报道，部分人还是持有疑问的。例如，信浓每日新闻报在科学栏目中就曾用特辑的方式专门介绍过这种新型彩电，标题就是“低成本的数个疑问”(1961 年 7 月 17 日晨报)。

当然，有时由于采访对象很巧妙从而导致误报堂而皇之通行的情况也发生过。例如，东北旧石器文化研究所的副理事长发现的旧石器在被《每日新闻》揭露出为捏造之前，他所捏造的发现就一直堂而皇之地通行着。

4. 复合误报

误报根据原因可以分为 4 类：①记者的错误；②记者的故意；③采访对象的错误；④采访对象的故意。而这其中最严重的是这 4 类原因交织在一起而导致的复合误报。以前有个名叫有吉佐和子的作家写了一本小说《复合污染》(1975 年新潮社出版)，她在书中诉说了各种各样的有毒物质混合在一起导致对环境的严重污染。误报或者说“复合误报”很棘手，所以为了减少误报就得先从产生复合误报的结构开始着手分析。

单个原因产生的误报，例如记者或者采访对象的错误，通过多方确认，也就是说只要严格实行多重核对制度是可以防止的。因记者的故意而产生的误报只能靠以新闻编辑为主的报社的体制来解决。另外，因采访对象的故意而产生的误报也可以靠记者敏锐的观察力加以防范。

但是，“复合误报”的发生与记者和采访对象两者的错误或者故意相关，或者说是采访对象接近故意的信息操作与记者获得信息的欲求相关联，说得更难听一点就是在记者与采访对象默契配合下产生的。因此，防止复合误报发生并非易事。

不仅如此，误报或者虚假报道不仅不会被曝光，而且还会堂而皇之地通行。为什么这么说呢？

这是因为第一，如果他人没有指出错误的话，记者或者报社否定自己报道的做法是非常罕见的，而且如果报道对采访对象有利的话，即使有错误也很少有人会提出异议。第二，从误报的种类来看，讨论比较多的是“对事实的看法和解释”方面的误报。而这类误报是否存在根本性的错误当时比较难以判断，只有当情况发生变化，被报道人进行抗议时才会将误报公布于众。这是因为此类误报的影响远比固有名词、数字以及单纯的事实性错误所造成的影响要大得多。

复合误报最典型的例子就是 1994 年以松本的沙林事件为题材的报道。下面就分析一下复合误报是怎样发生的，并具体分析一下误报的结构。

1994 年 6 月 27 日深夜发生的松本沙林事件的第一个通报者名叫河野义行。当时多家媒体把他错当成嫌疑犯进行轰炸式报道。这是信浓每日新闻报社在自己脚底下发生的误报。现在再重读当时的报道仍会直冒冷汗。当时我不在编辑部而是调到总务部去工作了，但是作为报社的一员，我还是为此误报感到羞愧。

事件发生时并不知道造成死亡的原因是沙林，也不知道此事件是奥姆真理教（现在改称 ALEPH）所为。最初的报道是这么写的：河野说：“我打 119 报警，三位家人被送往医院救治。”

报道里提到了河野的名字。

但是第二天 28 日晚上，警察在嫌疑犯不详的情况下，就取了一份住宅搜查令去杀人嫌疑犯河野家中进行了搜查，并没收了些药品。29 日《信浓每日新闻》在晨报上刊登了此内容。不过此次报道对搜查对象做了匿名处理。报道是这样写的："公司职员在自家庭院内对药品进行混合的过程中可能产生了有毒的气体。"这也是当时警方搜查部的看法和意见。对《信浓每日新闻》所报道的这种"可能性"，东京都内的报纸分别推测和解释为"或许是调制除草剂的失误"（《读卖新闻》），"或许是调制农药失败"（《朝日新闻》），"谜团急转，或许跟邻居有关"（《朝日新闻》），等等。也就是说，与信浓每日新闻报社的报道以及配送到长野县的东京都内的报纸相比，《读卖新闻》和《朝日新闻》等几家大报更加断定河内就是嫌疑犯。29 日清晨，读过东京都内报纸的报道后，信浓每日新闻报社总部认为对沙林事件的报道已被东京的报纸赶超，必须奋起直追。（1995 年 10 月 15 日的新闻周特辑"查证松本沙林报道"。）

警方"药品调制失误"的推断在很长一段时间内一直是报道的基调。另一方面，河野本人也通过律师召开记者招待会否认警方的观点。《信浓每日新闻》报道了河野的记者招待会，但却无法改变民众对他是嫌疑犯的深刻印象。

后来，警方查明了事件的原因是沙林毒气引起的，但是关于犯人的搜查却没有进展，于是河野依旧背负着嫌疑犯的黑锅直到那年年底。新年初始，元旦那天，《读卖新闻》以独家新闻的方式报道说在山梨县上九一色村检测出了沙林残留物。这样一来，奥姆真理教一下子成为嫌疑犯。1995 年日本发生了好几件大事件，先是 1 月发生了阪神淡路大地震，接着 3 月份又发生了地铁沙林事件，一时间奥姆真理教成为人们关注的焦点。同年 6 月 1 日东京警视厅断定松本沙林事件也是奥姆真理教所为。两天后，《信浓每日新闻》发表道歉文章，还河野清白。以上就是对误报过程的概括。

为什么会出现误报而且报道还不断加码？河野后来回顾事件的经过这样说道："警察泄露信息→媒体报道→警方以此为据进行搜查。""LEAK"的意思是"泄露"。这个词的意思就是说新闻线索提供方有让媒体报道的意图而悄悄将信息透露给媒体。例如，7 月 3 日，毒气被查明为沙林，当时河野认为自己可以因此摘掉嫌疑犯的帽子了。但是，7 月 15 日《读卖新闻》报道说："公司职员在事件发生后立即透露说松本的毒气是使用药剂所致。目前他正等待出院，警方近期将对他进行问询。"7 月 30 日，《产经新闻》又报道说："某男性客人在酒吧声称自己有像松本毒气事件那样可以杀死 30～40 人的药剂。"河野认为这些报道是警方有意散布出来的毫无根据的信息。在当天的问询中，刑警问河野："你就是那个酒吧里的男客人吧？"河野反驳说："我从不去酒吧。"

对河野就是酒吧男客人的消息，信浓每日新闻也做了跟风报道，并刊登在 8 月 1 日的报纸上。由于这些报道，河野重新被描黑，媒体的关心导致河野再次成为嫌疑犯，甚至有报道怀疑他是否在家就能制造沙林。

警方并没有在正式的记者招待会中公布所掌握的情况，对此，报道机关不但没有表示反对，反而依据非正式泄露出来的消息写了新闻报道。这样的新闻为何能报道出来呢？如果对来自"当局"的信息毫不质疑就写成报道的话，我认为这个责任在报道机关。这是报道机关对当局的软弱。另外，与其他报社之间激烈的采访竞争也是造成其软弱的原因之一。如果所发生的事件归警方管的话，所有的信息理所当然都掌握在警方手里，因此，为了超出别的报社哪怕只是一小步，就只能紧跟警方。这就进一步造成了报道机关对“当局”的软弱。

作为“当局者”，可正式否认泄露消息，因此可以不承担责任。不仅如此，泄露还可以取得与正式发布一样的效果，因此更易于操作信息。

河野说发生误报的另外一个重要原因是“写得好的报道太多了”。虽然作者并不明白事情的原委，但却写得像他非常了解一样。例如，6月29日信浓每日新闻在晨报上刊登了警方搜查部所说的“可能性”后，在同一天的晚报上报道说，河野对家人说：“这件事可能会演变成大事件，你们要做好心理准备。”并且把河野的这番话作为警方的信息加以报道。其实，这是河野担心自己和妻子可能会出现万一，在此情况下对自己的长子所说的话。

此后，当警察查明是由于混合农药产生有毒气体时，媒体对河野的报道是河野有处置危险物品的许可执照。既然他具有专业知识，那他能调制农药也就合情合理。不仅如此，在没收的药品中发现含有氰化钾，报道还说从他家院子里没收的物品中有金属钵以及塑料容器，院子池子里的蝲蛄也死了。这些报道其实是怀疑河野家的院子就是化学实验室。因此，也进一步加强了人们对河野就是嫌疑犯的推测和认定。

为什么乍一看好像写得很好的报道会是误报呢？这主要是因为记者和编辑有想把有趣的、有意思的事情告知读者的根本欲求。说得再大一点就是想写别的报社没有的有意思的文章。正是在这种竞争意识的煽动下出现了误报。但是，现实并不像小说里描绘的那样有趣。因此，远离现场派驻在警察口的记者以及在报社总部工作的新闻编辑，比在现场的记者具有更强烈的让读者觉得有趣、觉得文章写得漂亮的创作欲求和冲动。

关于这一点，1995 年 7 月 8 日发表在《朝日新闻》晨报上的特辑文章《战后 50 年媒体的查证》，可以说意味深长。这篇文章描述了 6 月 28 日晚，也就是在印发 29 日晨报前一天晚上的情景。当时，东京的报纸都把河野当作嫌疑犯。关于那天晚上的情景，文章是这样描述的：

朝日新闻松本分社的记者看到了从东京总部传过来的关于对河野家搜查报道的确认稿件，在此稿件中有这样一段记述：调制农药失误导致产生了大量有毒气体。而这部分内容并没有传给松本分社。看了这段记述后，松本分社的记者吃了一惊。于是，他问东京总社的社会部到底是怎么回事，社会部回答说，那是独自采访到的搜查当局的看法。于是，当天夜里，分社的记者们全部出动去确认农药调制的信息，但是根本无法确认，最终定了“或许是调制农药失败”的标题。第二天清早 9 点在松本警察署召开的记者招待会上，警察署的副署长说：“东京的报纸是这么说的吗？这不好，因为还只是推测。”另外，专门负责此事件的报道并专程从东京总社的社会部赶来支援松本分社的记者说：“河野或许完全是个受害者。报道时如果不把握好尺度，可能会犯错误。”

用松本沙林事件来查证误报，可以看出造成复合误报的原因主要有以下 4 个：①采访对象的错误、故意（泄露）；②记者、编辑给读者讲故事的欲求，因此编写貌似有道理的话（漂亮的文章）；③希望在某一点上超过其他报社的竞争意识；④报道机关对当局的软弱。特别是离现场越远，记者、编辑想写头头是道的文章的欲求也就越强。虽说报道机关对当局软弱，但是当这个“当局”是普通老百姓（松本沙林事件中的河野）时，报道机关却又表现出强势来。也就是说报道机关带着某种职业优越感，更容易产生偏见。在报道犯罪事件时，“当局”是警察时就表现出软弱，而“当局”是一般老百姓时，又表现出强势，如果再标榜一下使命感的话，估计会在复合误报的路上越走越远。

2004年10月30日，共同社误报说发现了在伊拉克成为人质的香田证生的遗体（其实发现的那个遗体是别人，香田的遗体31日得到确认）。收到共同社电讯稿的加盟媒体，包括香田的故乡福冈市《西日本新闻》都在晨报中误报了此消息，为此不得不重印14万份晚报。另外，金泽市的两家报纸《北国新闻》和《北陆中日新闻》也在晨报上刊登了此误报。另外，在晚报中报道此误报的有：《北海道新闻》、仙台市的《河北新报》、《京都新闻》、《神户新闻》等。鹿儿岛的《南日本新闻》为更正误报不得不将3万份晚报全部重印。比起经济损失，其实对报社信用上的损害更大。

《信浓每日新闻》等其他报社在报道此消息时，对原文中的断定性表现做了修改，因此免遭一劫。

为避免复合误报，首先对当局的信息不能囫囵吞枣。其次是要抑制讲故事的欲求，纠正不懂装懂的作风。不懂就是不懂，如果是谜团的话，就把它当作谜团来报道。不能像写小说那样来报道事实，这些都是必须牢记的原则。另外，要重视现场采访，现场不能确认的内容不要写。这也是一定要牢记的原则。刚才所提到的共同社的误报也是如此。如果与更接近现场的国外通讯部再核实一下情况的话，对遗体状况的描述等就可能会避开使用断定性的词语来表达了。

导致复合误报诱因的“当局”不仅只是警察，政府机构和政治家也包括在内。关于这部分内容我将在后面详细论述。

5. 独家新闻的类型

独家新闻是记者生活中所创造的最具戏剧性同时也是最华丽的场景。

“独家”不论在日本的《广辞苑》辞典中，还是在英日辞典中都要求包含“抢先于其他”的要素。

独家新闻，我们媒体又称为“独家报道”，被别的报社抢先后要追赶。为什么要追赶其他报社呢？这是因为当事态有了发展时，到时候想追赶都追赶不上了。就是这么简单，但却是很重要的问题。因此，记者们并非是因为功名心而想抢先于他社，在考虑功名之前，他们作为普通人只是单纯地想让社会知道、了解这件事情，这种欲求和使命感才是最初的动机。这也是与公司组织的功名完全不同层次的想法和思维，同时也是记者生活的一种境界。

或许有人觉得独家新闻是运气好的记者才能写出来的。确实，有些独家新闻是碰上了好运气，很容易就写出来的，但大部分是记者自己争取和努力的结果。因此，写了独家新闻后，记者所体验到的喜悦之情是他们通过辛苦工作换来的。

另外，独家新闻也有许多类型，可以分为提出问题型、竞争型、偶发型、宣传型这 4 种类型。在当报社总编的 6 年间，我一直把我社的报道与获得新闻协会奖的报道相比较，来思考独家新闻应具备的要素。

（1）提出问题型。

这是最能发挥新闻记者本领的类型。把人们没注意到的问题挖掘出来，并提出问题。首先，记者脑子里要想问题。同时这个问题又是现实的，已经被多个证据实证并报道过。写独家新闻对记者来说最重要的素质就是"想象力"。"或许……""假如……"也就是说需要记者思维灵活。同时对这个领域还要有一定的了解，也就是说想象力是建立在必要的知识基础之上的。通常只会用常识来思考问题的记者，是写不出独家新闻的。因为一碰到不合常理的事情他们马上就断定说不可能。

曾写过《东京电力公司女职员被杀事件》等优秀作品的非虚构作家佐野真一曾指出提出"假设"的重要性。如果能通过扎实的采访获取证据来证实假设的话，就可以写出独家报道。佐野不是新闻记者，所以写不了新闻方面的独家报道，但他能挖掘出全新的事实和角度，从广义上来说其实就是在写独家报道。佐野下面的这番话，对那些被日常工作逼迫后立刻放弃，但又不得不谋求转变局面的记者来说是有教育意义的。"非虚构作家的力量在于当假设被事实证实之后，不是原路返回，而是接受它并把它当作新的谜团，鞭策自己去追寻下一个事实。"（《非虚构技巧的个人体验》集英社新书，2001年。）

提出问题型的典型例子是2000年11月5日《每日新闻》登载的《旧石器发掘是捏造》的独家报道。东北旧石器文化研究所的副理事长自己在地面挖洞，然后把石器埋进洞里的情景被人拍了下来。《每日新闻》的独家报道就是以此录像为基础，依靠记者的采访发现在宫城县·上高森和北海道·综进不动坂这两处遗迹发掘的旧石器是捏造的。之后又发现那位副理事长在全国的遗迹考察中发掘的旧石器全都是捏造的。为此，日本考古学界不得不重写旧石器时代的历史。

北海道分社报道部长真田和义代表采访团队所写的新闻协会奖

获奖报告发表在2001年10月号的《新闻研究》（日本新闻协会刊）上。据获奖报告说，根室通讯部记者本间浩昭的电子邮件是写这篇独家新闻的起因。电子邮件是这样写的：在全国不断发现可追溯到旧石器时代的发掘，这实在令人怀疑。能与北京猿人相匹敌的发现在那么短的时间内不断出现，这实在太离奇和荒谬了。更让人惊奇的是据说这些所谓“世纪发现”，他本人都是第一发现者，媒体把他称为“神手”。另外，本间浩昭还建议说那个副理事长8月底至9月初会参加北海道·综进不动坂遗迹的发掘考察，不如那个时候你们做一次暗访。这里最关键的一点是本间浩昭具有一定的考古学知识，因此，他对最远古时代的记录不断被刷新这一点持有疑问。正是建立在考古学知识之上的想象力让他对考古发掘提出了假设。

如果没有本间记者的想象力就不会有这篇独家新闻，但同时，如果真田部长用常识性的思维考虑这个假设认为不可能，从而否决了本间记者的提议的话，这篇独家报道也不会问世。对这篇独家新闻来讲，非常幸运的一点是真田部长和本间记者以前在一起工作过，两个人之间建立起了深厚的信赖关系。

除了记者自己发掘问题之外，还有一种情况是读者告诉记者一些问题。有些读者是凭着正义感告诉记者的，有些则不是。这要靠记者的再采访才能分辨。因为有的读者说的全是假话，不是真的。

（2）竞争型。

这是报纸中独家报道最多的类型。各大媒体对于今后的趋势和潮流以及什么样的事件有可能成为新闻，都会有不同程度的了解和预测。就看哪家报社能够最先抓住。如果是犯罪事件的话，记者就会先从警察开始着手，然后推断嫌疑人，逮捕嫌疑人，发现新的嫌疑事实；如果是经济报道，就会跟踪企业的合并、破产、人事等；如果是政治报道，记者会关注大政治家的消息、党派的聚合解散等；如果是关于政府机构的报道，记者的关注点主要在新的政策、方针的制定和施行以及公务员丑闻等这些方面。各家媒体会在这些报道领域相互追赶竞争。

但是，如果仅是一般性的独家报道是获不了新闻协会奖的，获奖的关键是要有足够大的冲击力。日本经济新闻的独家报道《山一证券自主停业》（1998年获奖）就是典型的例子。

（3）偶发型。

这是一种比较幸运的类型。但也不是说随便撞大运就能轻易撞上的。也就是说这里面不完全包含幸运的成分。最重要的是记者要有“异常”、“重大”等意识。

就好比万能表的指针，也就是我们业界常说的要有这根弦。万能表是一种模拟的计量器，接到电器的电路上，指针就会在正负两极间摆动来测量电压、电流和电阻。只要有电流通过时，指针就会摆动。所谓有这根弦，就是从这个科学原理引申过来的。“脑子里有这根弦”不仅限于写偶发型的独家报道，写任何类型的独家新闻都需要具备这种素质。这样在面对事件时，才能对事件所具有的意义以及今后可能往哪个方向发展迅速地做出判断。同时，还需要建立在知识基础上的想象力。

就我自身而言，写过一次偶发型的独家报道。那时我负责教育口的新闻。当时，长野县在初中生提交高中志愿书之前做了一次志愿高中的调查。做这项调查的目的是通过发布调查结果让初中生的志愿高中不要过于集中在某几所学校，以便减少考不上高中的学生人数。那时，公立高中是学生们争着去的好学校，私立高中则是被公立高中刷下来的学生去的地方。因此，私立高中的学生人数年年减少，从调查结果看，有家私立高中的报考人数非常少，甚至面临不知何时可能就会被关闭的境遇。这样一来，本来打算报考这所高中的学生因担心学校会被关闭而选择报考其他学校，结果就造成了那所高中何时停办仅是时间问题。我写的那篇文章之所以成为独家报道，是因为我发现报考那所私立高中的人数极少的原因是教育委员会的统计错误，其实报考人数基本上达到了规定的人数。文章发表出来的当天早晨，引起了教育委员会以及记者俱乐部的一片哗然。

偶然遇见私立高中工会组织的干部是我写这篇独家报道的契机。当时我问那些工会干部有什么事情？他们告诉我说他们去初中的学校问了一圈，认为志愿报考私立高中的学生人数应该更多一些，不知道是不是统计错了，要去教育委员会问一问。如果当时我没主动跟他们搭话的话，或许他们就与我擦肩而过了，如果当时我脑子里没有一根弦，也就不会去采访了。正是因为当时我脑子里闪过“或许是教育委员会拖了快要倒闭的私立高中的后腿”这样一个念头，使得那篇文章成为独家报道。

我的一位同事被大家起了个外号叫“不得了”先生。每次采访回来他总是不停地说“不得了、不得了”。仔细问过之后才发现确实有“不得了”的时候，但更多时候并不是什么“不得了”的事情。不过，任何时候都抱着这件事是否重大的意识来看待事物，这种态度还是值得我们学习的。

（4）宣传型。

我一直为这种类型的报道能否被称为独家报道而伤脑筋，不过从个人喜好来说，我不太喜欢这种类型的独家新闻，但在现实中却并不少见。其中还有与竞争型相混合的，因此不能笼统地将其全部划归为宣传型。

新闻线索提供方有意图让报道机关报道，于是报道机关就做了配合报道，这种类型的报道就属于宣传型。这种做法也使媒体成为新闻线索提供方的宣传工具。新闻线索提供方这么做是想通过报道来看看公众的反应，于是有意把新闻报道当作观测气球，故意把新闻线索透露给媒体。由于是独家新闻，所以其他媒体不得不跟进报道，但同时又存在需要依靠新闻线索提供方提供线索的软肋，因此，对新闻线索提供方的批判性视角也就变少了。新闻报道中所存在的疑问相当多。最近，有观点认为权力利用媒体所导致的结果是出现了不批判权力的独家报道。

下面举一个与权力没关系的宣传型例子。1998年《读卖新闻》报道了“日本国内首例接受妻子以外的女性所提供的卵子进行体外授精获得成功”的消息。此篇独家报道获得了新闻协会奖。这件事发生在长野县下诹访町。这个地方的妇产科医生为了让一对不孕夫妇怀孕，就让不孕妻子的妹妹提供卵子，与不孕丈夫的精子在体外受精，然后再把受精卵移植到不孕妻子的子宫内。结果，不孕妻子生下了一对双胞胎。其实国外早在这之前就开展过同样的治疗，但在日本尚属首例。这篇独家新闻报道的就是这件事。当时这篇报道刊登在报纸的头版，同时还在社会版做了相关的配合报道。配合报道主要是以医生的主张，诸如：不能无视患者求子心切的愿望，必须制定治疗规则等为中心展开论述的。

在新闻协会编委会的评审会上，对到底该不该推荐此作品参评，评委们争执了很久。讨论一直持续到下午5点。通常对参评作品都是全会一致通过的，但是这次延时讨论的结果却是持赞成态度和反对态度的各占一半，不分上下。评审会无法下结论，所以就写了情况说明请理事会定夺。

因为医生就在长野，所以我们信浓每日新闻的记者一直盯着这件事。记者对此事的报道始终抱着谨慎的态度，因为他认为单凭医生所说的写报道不太可靠，万一医生说的是谎话，那就被骗了。所以他请求医生让他秘密地见一见那对不孕的夫妇，医生答应等那对夫妇把事情都安顿好之后就让他们见面。不过在那之前，医生先接受了读卖新闻记者的采访。结果那篇独家报道就成了为不孕夫妇宣传医生的广告。

第 5 章　与权力的距离

1. 身边的例子

在前面说过，导致复合误报诱因的“当局”不仅只是警察，也包括政府机构和政治家。因此，如何与新闻线索提供方，特别是如何与权力保持距离是不得不考虑的问题。下面就以我身边的事例来说一说。

2000 年 10 月田中康夫当选为长野县的最高行政长官成为知事。田中在当知事之前，曾为报刊、杂志撰稿，同时也经常在电视和广播里出现。所以他很熟悉媒体，或许正是因为这样当他成为知事以后他很想操纵媒体，这也就使我有很多机会来考虑如何与新闻线索提供方保持距离的问题。

田中刚当上知事时，对信浓每日新闻报的报道常常会给我打电话提意见。当时我没有想到他会给我打电话。这一点田中还是与往届的知事有所不同。但是每次打电话不是因为报道内容有什么错误，而是他对报道的写作方法不满意。说得好听点是爱管闲事，说得难听点是对编辑权的干涉。

例如有这样一件事：当年田中知事致完当选词后，走到每个县厅职员前把自己的名片分发给大家。当时企业局的局长说："上司给下属发名片太可笑了。"于是就把自己手里的名片给折弯了。这就是当年曾一时轰动全国的"折名片事件"。当时的知事选举主要在池田典隆前副知事、田中康夫以及共产党推荐的候选人这三个人中间角逐。后来，那个折弯他名片的企业局的局长出现在庆祝田中当选的庆祝会上。对此，我们报社做了报道。结果，田中抗议说："你们这样报道，是想让读者认为是我跟局长合谋制造了折名片事件吗？"我不知道是否真有如此深度解读此报道的读者。

过了几天，全国的民营电台从业人员在长野市举办聚会，田中知事匆匆忙忙赶来发表贺词。他刚发表完贺词，下了讲坛就直接朝我走过来，气冲冲地质问我说："今天早晨的社论是什么意思？"当天的社论说的是关于在知事选举中池田派违反选举的事情。社论的观点是即使把违反选举的事情交给警方查办，县政府为了防止公务员在今后的选举中再犯同样的违法事件也应该进行内部调查，而不是采取隔岸观火的态度。于是，田中知事冲着我指手画脚地说："能调查池田前副知事就好，县政府不需要调查此事。"

对此我回答说："其实我早就想跟你说了，知事你是否搞错了，《信浓每日新闻》不是县政府的官办报纸。"听了我的回答之后，田中知事没有反驳，气得想把脸扭过去都没扭成。这是因为我用他自己曾说过的话还击了他。我记得当年他作为志愿者参加反对神户机场建设运动时，曾在周刊杂志的连载栏目中批判神户当地的报纸，说《神户新闻》是神户市政府经营的官办报纸。我想起了他当年所说过的话，所以就用他自己的话回击了他。当天夜里，到他家去采访的记者回来告诉我田中知事说："我不知道你们总编在说什么。"我觉得田中知事心里一定很明白我说的话的意思。

于是，他不再打电话过来，我想或许是他明白了掌权者不应该对媒体指手画脚的道理。然而事情并非我所想的那样。之后，田中知事只召集听他话的三四家媒体，把第二天要公布的部长人事任免提前告诉他们，让他们作为独家新闻进行报道。他这么做就是要把听他话的媒体与信浓每日新闻这类是非分明的媒体区别开来。

2. "脱离记者俱乐部宣言"

说起田中知事与媒体的关系，不提2001年5月15日他提出的"脱离记者俱乐部宣言"，我觉得是有失公正的。

"脱离记者俱乐部宣言"的名称承袭了3个月前他提出的"脱离水库宣言"的说法。"脱离水库宣言"也曾一时成为日本全国性的话题。"脱离记者俱乐部宣言"的内容主要有以下三点：①要求三类记者俱乐部搬出县政府。第一类是在县政府内（警察本部除外）设有记者室的"县行政记者俱乐部"（16家），这类记者俱乐部以加入新闻协会的加盟社为中心，第二类为专业性报纸的记者俱乐部，第三类为内部报纸的记者俱乐部；②设立新闻中心（后改称"表达中心"），不仅媒体，所有"表达者"均可使用该中心；③把本该由记者俱乐部主办的知事会见改为县政府主办，任何人均可参加。

当时，田中知事是以记者俱乐部的封闭性为背景提出"脱离记者俱乐部宣言"的，他批判记者俱乐部长此以往下去有可能会变成排他性的权益集团。另外，他还列举出具体数字说，县政府每年仅为县行政记者俱乐部花在记者室的场地使用费、水电费、管理人员工资上的费用就需要742万日元，三类记者俱乐部加起来每年所需的总花费近1500万日元。他把县政府为记者俱乐部提供的这些花费当作问题来看待。

对此，县行政记者俱乐部在一周后的22日，对县政府不与记者俱乐部协商单方面提出主办记者招待会一事表示抗议。抗议以提交书面抗议书的形式进行。抗议书是这么写的："县政府主办的会见受公权左右可能存在信息操纵问题"。

不过，记者俱乐部全体反驳此宣言是在宣言发表1个多月后的6月21号的事情了。针对田中知事提到的政府给媒体提供的便利，媒体这样反驳道："县政府有义务积极公开信息并负有说明信息的责任，记者室正是为了承担起此职责而设置的。只有在官方机构内持续进行采访，才能站在市民的立场促进政府进一步公开信息。"另外，关于媒体应该自己承担记者室费用等问题，记者俱乐部这样回应道："这些决定应该与报道机关协商，双方达成一致后再加以实施。"

但是，田中知事5月22日单方面将记者招待会的主办权从记者俱乐部切换到县政府之后，也没跟记者俱乐部方面协商，就要求记者俱乐部把设在县政府内的记者室在指定期限内搬走。日本的官方机构里竟然没有常驻的记者俱乐部，这在全国都是非常罕见的。

田中知事投下的石头，本应引发对记者俱乐部制度以及行政与媒体正确关系的讨论。特别是在解决备受国外通讯社和国内杂志社等其他媒体批判的记者俱乐部的特权采访制度，以更开放的形式集体采访知事会见以及为记者俱乐部提供便利所承担的费用等问题上，可能会开辟出一条具有划时代意义的道路来。

田中知事的其他政策也是同样，常常终止于理念，贯彻不下去。我认为这其中的原因主要有两个：一是田中知事本身的原因。他只是为了让媒体跟从自己才发表“脱离记者俱乐部宣言”的。另外一个原因是总部设在东京的媒体对记者俱乐部制度的讨论没有表现出积极的姿态。

每次在长野讨论记者俱乐部的事情时，东京媒体派驻在长野的分社长无论大情小事都要请示东京总部的意见，非常麻烦。原本应该召开全国性的大会来共同探讨记者俱乐部问题的，但是却被单独抛在长野内部，让长野地方自行解决。关于记者俱乐部的事情，信浓每日新闻等总部设在长野县的报社总编、电视台的报道局长、NHK 放送局长与总部设在东京和名古屋的报社以及通讯社的分社长谈了好多次，但是很难达成一致意见。特别是在撤除记者室这个问题上意见有分歧。当地媒体对撤除记者室并不是很反对。为什么这么说呢？这是因为记者常驻记者室里采访，就无法分辨其采访能力的高低。这对于记者人数较多的当地媒体来说，既无法发挥当地媒体的优势，同时对记者培养也不利。持反对意见的是总部设在东京和名古屋的分社媒体。因为如果有记者室的话，即使人手少他们也能采写出跟当地媒体没有什么差别的新闻，记者室对他们而言就像有担保的保险一样。

另外，总部设在东京和名古屋的分社媒体在负担记者室费用的问题上意见也不一致。财务上比较宽裕的媒体表示，只要能继续使用记者室，他们就愿意支付此方面的费用。但是财务状况不好的媒体则表示反对。而且，如果把为媒体提供便利有偿化的方式推广到全国的话，那些在全国各地都设有分社的媒体，尤其是对于那些加入多家记者俱乐部的东京的报社、通讯社来说明显会成为巨大的财政负担。

田中知事最初举办的知事会见时间还比较长，那之后由于各种原因会见时间变短了。回答问题时常常避开要点漫无边际，一个问题还没回答充分就跳到下一个问题。有时还会反问记者，对自己讨厌的记者从来不让其提问。原则上应该一周举办一次的知事会见，他竟然连续三周在会见马上就要开始前临时取消，恣意妄为进一步加强。

3. 配合新闻线索提供方进行报道

田中知事在以自己的好恶区别对待媒体时，顺着知事意图制作出来的独家报道时而有之。2003 年 12 月 16 日每日新闻社的头版报道就是典型的例子。

读了那篇报道后的印象是总务省所搭建的居民基本账户网络无论从什么地方都可以轻易侵入，从而篡改或盗取个人信息。原文是这么写的："可能从根本上动摇了居民基本账户的安全性。"然而后来再也没听说过"根本动摇"的话。文中所报道的实验想要证明的最重要的一点就是从互联网上无法入侵居民基本账户网络。但这一点却像画蛇添足似的写在文中的最后七行。

对于给每个国民编号进行信息管理，即国民编号管理制度是对还是错，一直争论不休。反对居民基本账户网络的运动其实是反对国民编号管理制度运动的延伸。田中知事是此反对运动的支持者。他说："从互联网可以侵入居民基本账户网络，这是很危险的。”就是想从技术上提供依据支持反对运动。因此，为了制造实际侵入的实例，他没有履行正规的手续就把预算挪用到此方面。受委托做此实验的公司就选定长野县的居民作为入侵对象进行实验。但是从互联网无法侵入居民基本账户网络，于是实验公司就把攻击用的电脑带入阿智村的村公所内，绕过防火墙入侵到居民基本账户网络。然后又在下诹访町做实验。这次的实验是把隔壁建筑物里带有无线网卡的电脑与覆盖市町村政府的无线局域网相连接，于是该电脑就可侵入与无线局域网相连接的其他电脑，从而实现内部浏览。但这只能证明如果政府内部有不怀好意的人，他通过政府内部的无线局域网是可以对其他电脑进行入侵的。对于“入侵无线网络”这个标题，只要稍微有一点电脑常识的人都会起疑问。只要是在无线能覆盖的范围内使用无线网卡就能连接上无线网络。因此，能够侵入其他电脑也是理所当然的。但是，如果要与居民基本账户网络中保密性较强的内容进行通信则需要通过完全不同的网络系统才行。这也是常识性的问题。事实上，第二年发布的实验结果报告也没有提及入侵居民基本账户网络的事，下诹访町也反驳说：“与居民基本账户网络连接没有危险。”

议论入侵实验不是我们所要讨论的主题。问题在于读者读了这样的报道之后可能会被迷惑。这篇报道刊登在报纸的头版头条，正因为是头版头条才凸显出此新闻的重大性。而读者中不同行业的专家也很多，对那些懂行的读者来说，这类报道其实是在夸大事实，因而也就失去了对报纸的信任。

有的记者为了能从新闻线索提供方经常获得一些独家的内容，从而费力地讨好他们。我不是不能理解这些记者的心情，特别是那些总部设在东京但却被派驻在分社的记者，他们特别想写出能引起东京总社注意的独家报道来，以便有一天总社能把自己调回去。

例如，2005年8月，朝日新闻解雇了长野总局一位28岁的记者，并且对长野总局的局长以及刚上任没多久的总编也分别做了降薪和撤换处分。事情是这样的：原自民党政调会的会长龟井静香与田中知事关于结成新党一事准备举行一次会谈。对此，朝日新闻报总社政治部要求分社记者确认此信息。然而，分社记者在根本没有对知事进行采访的情况下就捏造说，会谈的场所定在长野（其实是在东京），然后把自己捏造的知事的发言内容发回总社。《朝日新闻》以此为素材编发了两条新闻。后来在报社的内部调查中这位记者说："我这么做就是想让总局局长看到我从田中知事那里采访到如此多的内容。"或许正是这种想得到上司和总部认可的心理，导致他忘记了作为记者应具有的使命感。

4. 政治记者容易陷入的堕落

我认为在与新闻线索提供方的关系上最该讨论的就是以东京·永田町为主要根据地的政治记者。特别是在自民党的派阀比从前更坚固，其领导（过去常用派阀领袖）掌握实权的时代，如何打入自民党领导圈获得信息是政治记者最重要的工作。能否被采访对象认知，能否登门拜访采访对象都是要花大量心血的事情。他们在写作时，比起读者会更优先考虑采访对象对报道的看法和想法。原政治记者同时也是朝日新闻的专栏作家早野透曾在媒体伦理座谈会全国协议会的公开研讨会上说："政治记者（细川内阁诞生之前）感觉就像是派阀的从军记者。"（《媒体伦理》，2004年8

月号。）我认为他说得很妙。从军记者本来是为了采访战况而跟随部队的。因为跟部队一起行动，所以在言行上也容易与军队保持一致，成为一个整体。因此，写出来的报道大多也是宣传类的。

其中，有些政治记者不仅充当了宣传工具的角色，甚至还成了政治家的影子秘书。这从下面的事例中能够得以印证。2000 年 6 月，在首相官邸内召开的记者招待会现场的公用复印机旁，发现了一篇题为“我对明天记者招待会的个人意见”的文章。明显是哪位记者落下的。

在此之前的 5 月 15 日，森喜朗首相在神道政治联盟国会议员座谈会成立 30 周年的庆祝大会上致词说：“日本是以天皇为中心的神的国家。这一点请大家一定要明了。”这个发言被认为是肯定战前天皇中心的国家观，所以遭到了在野党的一致反对。而此时正处于众议院选举前的关键时刻，森喜朗首相因此陷入了非常窘迫的境地。那篇被遗落在复印机旁的文章就是教森喜朗首相如何闯过记者招待会这一关的具体方法和指南。

文章这样写道：“此次的记者招待会危险重重。如果像以往那样解释的话，其结果就是包括民营电台在内的媒体肯定会以‘森喜朗首相在辩白中始终没有撤回神国发言’为标题进行报道。”

文章还建议说：“我认为您的发言必须让媒体报道说是做了‘事实上的撤回’的程度才行。只有这样，无论是媒体还是在野党今后在此问题上都无法对您进行追究。”

文章还写道：“媒体可能会从各个角度追问您，您可以通过反复强调来摆脱困境，绝对不要说多余的话。回答问题时只有用巧妙岔开话题的方式才能突出重围”，“25 分钟的预定时间一到，一定要让官员强行结束记者招待会，不这么做就是自掘坟墓。”

捡到这篇文章的记者把它发表在《西日本新闻》上后，此问题被炒得沸沸扬扬。周刊杂志还写了报道怀疑这可能是 NHK 记者所为。对此，内阁记者会说："这属于记者的伦理道德问题，由各媒体自行处理比较妥当。"由于内阁记者会既不回应也不调查，因此，这篇文章到底是谁写的也就无从知晓了。用时间来终止记者招待会、巧妙岔开问题等都是限制报道自由的做法，是记者绝不能容许的事情。但内阁记者会对此却置之不问，不加追究。这不禁让人猜疑内阁记者会是不是考虑到与新闻线索提供方的关系才这么做的，实在令人遗憾。

5. 地方报纸揭批警察腐败

2004 年是报纸对警察采访取得划时代进步的一年。因为这一年，《北海道新闻》和《高知新闻》对报社最大信息源之一的警察做了大胆的挑战，揭发了其腐败。对报社来说，警察局本是记者们你争我赶、激烈争夺消息的现场，也是记者最不愿意与之为敌的新闻线索提供方。事情是这样的：警察在进行搜索工作时，为了感谢市民对警方工作的配合，会给市民支付搜查费或者搜查报酬。但是，对于这部分本应支付给市民的搜查费，警察竟伪造文件冒领，作为警察内部的小金库用在吃喝上。这个事实在记者顽强的采访下，终于冲破警方的重重防卫被报道出来，成为社会问题。这个报道成功地实现了报社对权力的监督，强有力地恢复了读者对报纸的信赖。

特别是《高知新闻》在全国率先报道了搜查费变成小金库的问题。之后，静冈县、北海道、爱媛县等地的报纸也相继做了揭露。

2002年的支出还没达到欺诈罪成立的程度，即使是这样还是遭到了警方的激烈抵抗。这些揭露性文章就是在这样的背景下报道出来的。（为此，报道此新闻的《高知新闻》和《北海道新闻》都获得了新闻协会奖。）

这两家报社相关责任人对此报道的看法道出了媒体与权力应有的正确关系。

在2004年秋天召开的第一届地方报纸论坛的报告会上，高知新闻的记者竹内诚这样说道："我进报社后一直被派驻在警察口工作。在此之前，我不分白天黑夜以及节假日，几乎把所有的时间和金钱都花在如何跟警察搞好关系上，以便案件发生时能得到更多相关的信息。但现在我却不得不叛逆他们。当时，我很满足自己能从警察那里得到比别的报社早一天哪怕是早半天的独家新闻。然而对应该为读者工作的我来说，如果不揭露他们的话就太可鄙了。正因为如此，我写了高知县警察搜查费问题的报道。我也因此备受警察的非难和攻击，我跟警察也不可能像以前那样相处了。但是，作为新闻记者如果知道权力的腐败却不对此进行揭露和报道的话，就是对腐败的包庇和袒护，这种行为同样是在犯罪，而且还是重罪。记者在采访过程中获得的信息并非属于记者个人而是属于读者，这一点不能搞错。"

这一段话，我认为非常重要。

下面是《北海道新闻》的报道。报道很长，我仅引用采访团队所写的《追及·北海道警察小金库的疑惑》（2004年讲谈社文库出版）这本书的后记来阐述一下他们的观点。

后记这样写道："警察原本就跟政府、政治家、高级官僚、大企业以及其经营者一样，不管在什么时代，为了确保自身的利益，总是隐藏不利于自己的信息，积极传播有利于自己的信息。权力机关和掌权者的腐败就是从这里开始的。但是，不知从何时起，与这些采访对象同流合污成了报道机关的习性。比如，记者坐在臭名昭著的记者俱乐部里，或者稍微走动一下，把采访对象提供的信息做一下简单加工就算完事了……但读者是聪明的，对报道机关与权力机构和掌权者之间建立起来的丑陋关系看得非常清楚、明白。从前备受憧憬的记者职业正慢慢变成招人鄙视的对象。揭露事实针锋相对，提出异议让权力机构公开承认腐败，这才是我们想做的报道。我们还想在记者招待会上不断向权力机构抛问尖锐、难堪的问题。在与权力机构以及掌权者构筑的友好圈子里常常让我们感觉自己也很了不起，我们这样做只是不想陷入这种错觉中。”

第 6 章　市民新闻

1. 从本田君来信所想到的

2004 年我受东京大学大学院信息学环教育系（以前的新闻研究所）的邀请，每周在那里授课一次。当时本田正美是我的学生之一。他曾给我写过一封很长的邮件，下面我就引用他的邮件全文来说一说市民新闻。

邮件全文如下：

晚上好！我是听您新闻论课的学生本田。昨天在您的课上听到一些印象深刻的内容，所以就给您写了这封信。印象深刻的内容是您在课上强调了具体细节的重要性。

以前，我读过对麻风病患者进行绝育手术以及杀死婴儿的报道，但是总感觉哪儿不太对劲。现在想来或许是在报道中没有表现出接受绝育手术的麻风病患者和要施行手术的医生作为人内心的痛苦和挣扎。昨天您发给我们的关于麻风病报道的讲义（笔者注：《信浓每日新闻》的连载文章《柊木篱笆》）就通过描写具体细节很好地表现出了人内心的苦恼和挣扎。

猪股老师在讲课中还提及了佐野真一。我认为他的优秀之处就在于通过精心的采访来表现当事者的苦恼和内心的挣扎，哪怕只是一点点的内心纠葛他都要描写出来，并以此作为自己的写作风格和态度。比如在他写的东京电力公司女职员被杀事件的报道中，他就具体描写了被杀害的女职员以及仅仅依靠微弱的证据而被逮捕和被起诉的外国人这两个人的心理。

大多数媒体对此事件的报道基调是精英女职员的堕落和外国人品行不端。但是，佐野通过不断的采访，认真追逐、调查女职员以及杀人嫌疑犯的踪迹，还原他们俩被夸大的生活形态和方式。因此，他的报道中有许多媒体没有的具体细节。

翻看一下最近的报纸，您不觉得那上面到处都充斥着站在高处来议论事物的报道吗？我所读的报纸上罗列的全是政府发布的数字以及权威人士的发言，读完之后感觉好像只有新闻记者在为国家担忧。例如，有个报道引用厚生劳动省发布的数据说，现在日本有 60 万无所事事者，如果不工作也不学习的年轻人照这样不断增多的话，势必会对日本经济造成不良影响。

造成 60 万人无所事事，每个人一定都有各自具体的原因和情况，但读了上面的报道后，我感觉写得很抽象、空洞。

报纸总标榜说每当有事件发生时，记者会以普通老百姓的视角来报道新闻。但读了他们所写的实际报道之后，总不能让我信服。我希望记者们能更贴近生活中的市井百姓，不是用统计数据而是你身边活生生的可以接触到的人来写报道。这样，通过精心的采访还可积累许多具体细节，然后再把这些具体细节运用到新闻写作上。

另外，我认为自己不应该只是站在高处来议论天下和国家大事，更应该认真地对待眼前的每个人。以他们的烦恼为烦恼，为他们解决实际问题。我希望自己能成为这样的人。为此，我要不断培养自己认清眼前事实，并从事实中挖取具体细节的能力。

本田君的邮件道出了现在的新闻为何枯燥无趣的一面。关于东京电力公司女职员被杀事件，他所批判的是只描写站在强势的一方，也就是说只报道警方的观点。对无所事事者（既不工作也不学习，甚至也不参加就业培训的年轻人）的报道，记者也是站在厚生劳动省的立场，对政府机构所发布的数据做了改写而已，其作用充其量也就是个改写员。

如果记者以政府机构、政治家的视角来写报道，其结果就是虽然强调与普通市民视角相同，但对现实情况其实并不了解。这也就导致了缺乏与读者对新闻的感同身受，因而让读者觉得新闻报道枯燥乏味。

对于当今的新闻，大学也做了各种各样的分析，这其中我认为意义比较深远的切入点是东京大学大学院信息学环系的林香里副教授提出来的。她在《“女人·儿童”与新闻报道》（东京大学出版会，《社会信息学Ⅱ媒体》，1999年）的评论中这样说道：以往对媒体的定义是男性用片假名所写的新闻报道。这就造成了新闻报道是“与普通人处于不同世界、以缺乏日常性的视角来制造言论”的状况。造成这种状况的原因之一是新闻报道是与大众传媒这个近代产业相结合的产物，另一方面，大众传媒作为对民主主义的支撑又与政治以及官僚行政相结合，这也是造成上述状况的间接原因。

林副教授的主张如下：①近代西欧型先进工业国家发展起来的

政治·社会体制推进了社会和人们对公私领域进行的合理划分，在此过程中有“许多省略和废弃”的内容；②女人·儿童被划分在私人领域，成为省略和废弃的对象；③大众传媒在上述的“近代民主主义进程”中为协助社会对此进行认知，疏远了女性和儿童，结果造成了“男性的新闻报道”。在与政治以及官僚行政结合后，就导致了永田町和霞关之类占全国人口比例不到0.1%的人，用他们的感觉来谈论“政治”和“行政”，使人们不得不认为政治是与自己没有直接关系的别人的事，从而漠不关心。我对这段话的理解如图6－1所示。我认为“女人·儿童”当中还包括老年人、残疾人以及居住在偏远山村和远离本土的小岛上的那些被社会边缘化的人们。因此，林副教授期望小型电台或者地域性的草根新闻报道将来能发展成主流新闻报道，同时也希望报纸能在家庭栏或者文化版面上通过报道“当事者的生活方式”来实现这一可能。

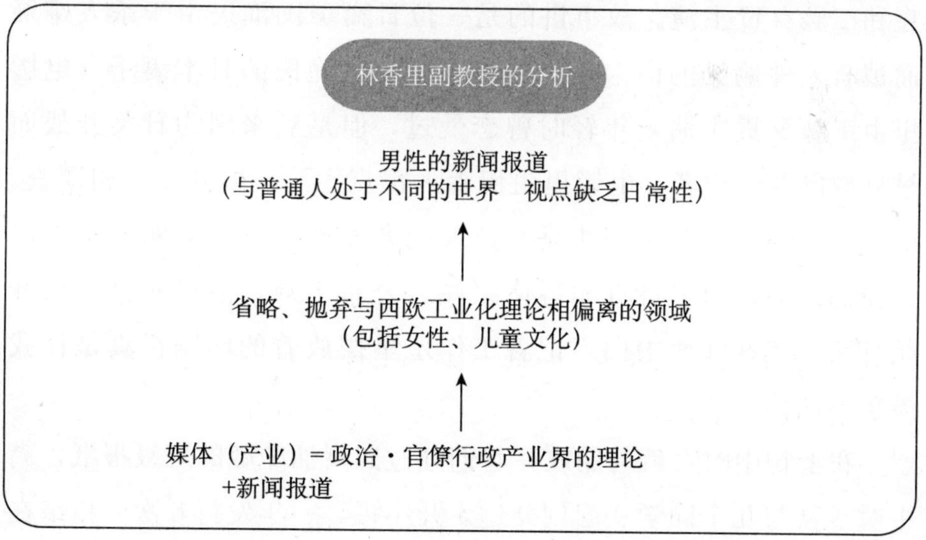

图6－1

对林副教授关于疏远“女人·儿童”的批评，我还是有亲身体验和感受的。现如今在报社工作的女记者并不少见，但20年前报社确实不怎么聘用女记者。1998年长野举办冬季奥运会，当时我们报社邀请姐妹社圣路易斯邮报的老板普利策夫妇出席冬奥会的开幕式。在我带普利策夫妇参观报社时，普利策夫人问我说：“为什么女职员那么少?”当时我真的很尴尬，不知道该如何回答。那个年代，一旦女记者出了什么错，我们男记者马上就会以狭隘的同事意识批判女记者说：“所以说嘛，女记者就是怎么怎么样。”

下面说一说近代工业化之前的怀旧话题。美国畅销书《Snow Falling on Cedars》(《喜马拉雅松的落雪》，日文版由高仪进翻译，书名为《杀人嫌疑》，讲谈社文库，1996年）既是一部推理小说同时也是一部优秀的纯文学作品。后来搬上银幕被拍成一部很美的电影。电影的导演是斯科特·希克斯，男女主角分别由伊森·霍克和工藤夕贵主演。故事讲的是一位日裔美国渔民由于杀人嫌疑而被有人种偏见的白人陪审员审判。与此渔民的日本妻子（电影里由工藤夕贵主演）年轻时曾恋爱过，但是后来因为日美开战而被拆散的新闻记者（电影里由伊森·霍克主演）展开了真相调查。电影结尾的最后一个镜头是，白人记者发现了可以证明日裔渔民无罪的证据，为了将真相诉诸报端、公布于众，他对着打字机开始打字。望着画面中白人记者工作室里摆放着的印刷机真是让我羡慕不已。

我上初中时，就与朋友一起创办过四页油印版的班级报纸，高中时，又与几个同学一起创办过4开小报，一年发行8次。报纸在新闻部和学生宿舍间传阅，其中还有手写新闻。或许正是有过这样的办报经验，所以我总觉得最初的报纸就是由一个人或者少数人创办的。怀旧的话就说到此。

但现实是随着新闻的产业化，出现了编辑、广告、印刷、制作、电子媒体等许多分工。而编辑还可细化为政治、经济、国外通讯、内政、体育、社会、评论等不同领域，而且不得不这样进行细分。其结果是记者和编辑不能发挥出自己的个性，所以写出来的报道也没什么生动性。说得好听点是以专家的视角来写报道，说得难听点就是以政府机构为主的新闻线索提供方的视角来写报道。这样写出来的报道读者肯定不会觉得生动有趣。因此，即便是在分工越来越细化的今天，记者和编辑们也应该在发挥自己个性的基础上，以“市民和读者的视角”来写报道。这是办报的初衷，我们不能忘记。不仅如此，关于这一点不能仅停留在口头和理论上，还要建立起相应的机制来实行。

2. 报纸的另一个作用

报纸从大面上来看主要有以下两种功能：一是传达新闻、信息的作用，简而言之就是报道的功能。还有一个功能就是每个人的人生道路和生活方式都不尽相同，报纸通过传达个人的生活信息为人们提供共同的话题并赋予他们问题意识。后者的功能我称之为“广场功能”。大家聚集在广场上，一起聊天，交换信息并相互鼓励。这就是我心中所描绘的理想的广场图景。见图6—2。

报纸的这两种功能，本来应该成为不可分割的一个整体呈现的。如果是一个人的报社，或者是由少数的几个人组成的报社的话，将这两种功能合二为一还是有可能的。但现实情况是第一种报道功能基本上由报纸的头版、综合版、社会版、经济版、国外

报纸的两个主要功能

① 传达新闻（报道）=主要是报道综合、社会、经济、国外通讯、体育等方面的内容

② 广场新闻的功能（为大众提供共同的话题，并提示他们对某些问题的认识，从而成为连接人与人之间的桥梁）=主要以文化、家庭、娱乐、美术、科学等方面的内容为主，其他还包括天气、餐饮、广播·电视节目介绍栏

图 6—2

电讯版、体育版等新闻版面承担了，第二种功能则基本上由文化版、家庭版、娱乐版、美术版、科学版等承担。

从记者的角度来看，这些全都由一名记者来写是最理想的，但是其实后一种功能大都是由文化版、科学版等不同部门的记者承担的。

对于承担第一种报道功能的记者和新闻编辑，应该接受前面提到过的本田君对新闻的批判以及林副教授的“男性新闻报道的批判”。但是，如果从结构保障的角度考虑的话，我认为应该重视“市民新闻”的作用。

《信浓每日新闻》荣获新闻协会奖的连载报道《看护的明天》和 2002 年关于育儿问题的连载报道《教育·养育》（2002 年以“当今孩子教育的迷途”为题由河出书房新社出版）都刊登在社会版上。如果从报社传统观念来看这两个连载报道都属于家庭栏的主题。林副教授在另一本书《大众传媒的边缘阶层才是新闻报道的核心》（2002 年新曜社出版）中，专门用一章对“日本报纸在家庭方面所做的新闻报道”做了评价。

我辞去报社总编后不久，原来的一名部下来拜访我，他曾在报社的文化部担任过部长。他这样对我说："猪股先生您当总编时，总是对我们的工作做许多布置和安排，还常对报纸版面发牢骚、提意见，当时我们觉得您好烦呀。但是，现在回想起来却是那么令人怀念。因为只有被关注，工作起来才会有干劲。"或许日本全国报社的总编大多都不会对文化或者家庭方面的报道点评太多。为什么呢？这是因为报社的总编大多出身于政治部、经济部或者社会部，借用林副教授的话来说也就是所谓的"主流部门"。或许正是由于这种对培养自己的部门有过多执著的缘故吧，他们对文化以及家庭方面的关心远不及对政治、经济以及社会的关心程度。

3. 应对价值观的多样化

1998年5月我当总编时，当年的10月就对报纸版面做了大幅度的改革，其目的就在于实现文化、家庭版面的"专卖店化"。我们分别开设了面向小学生、年轻人以及一边工作一边养育孩子的女性的版面。现在的《信浓每日新闻》除此之外，还开设了面向老年人的专版。

正如我在前面所述，现在这个时代对综合媒体而言是很难生存的时代。人的价值观变得多样化，所以很难描述出一个具有普遍意义的日本人的形象。从孩子到老年人能坐在一起共同欣赏同一位歌手演唱的那个日本人拥有共同价值观的幸福时代已经结束了。在动画片《樱桃小丸子》中，小丸子与父母亲以及祖父母三代人坐在一起看电视，电视里放映的是山口百惠在唱歌的影像。这种景象可以说是对日本幸福时代的一种怀旧。

山口百惠之后的时代是价值观多样化的时代。从个性的程度来看，可以定义为毫不掩饰个性的时代。这是德国社会学家乌尔利希·贝克在《危险社会》（东廉·伊藤美登里翻译，法政大学出版局，1998年）一书中定义的，但也适用于现在。

随着地域社会的瓦解，工会失去力量，企业也从终身雇佣制转变成可轻易裁员的企业，社会保障因为财政恶化而变得微薄，最核心的家庭也从大家庭转变成小家庭。另外，婚姻制度虚无化的过程中，从个性层面来看，就如同此前在雌鸟羽翼庇护之下的雏鸟，被赤裸裸地抛入到社会中的状态。发生在伊拉克的人质事件，政府和自民党纷纷发表言论说是人质们“自己的责任”。照此理论，当我们独立、成年之时，国家也就成为越来越无法依靠的存在。虽然我们不断地在给政府纳税，但是我们却不得不自己保护自己。

另一方面，技术和产业为显露个性创造了条件和机制。手机就是最典型的例子。从前，年轻男女如果想把对方邀到外面去的话，只能给对方的家里打固定电话，而接电话的基本上是家长。所以，如果得不到家长的信任是很难接近对方的。也就是说，家庭庇护着孩子。但是，现在通过互联网和手机就连小学生和中学生都能简单地与外面的世界相联系。只要通过介绍不特定男女相识的“相识”网站等，信息很容易就会被别人获取，隐私也就赤裸裸地暴露出来了。

另外，国民总编号制度以及机场所实行的个人识别系统使得个人信息因为国家行政被暴露和掌控。见图6—3。

从大家庭制度的瓦解来看看身边被暴露出来的“个体”。现在三代同堂一起生活的家庭已经很少了。当年为了生活不得不从农

被暴露出来的"个体"

大家庭向小家庭转变
男女关系的多样化
工会组织的弱化
地域社会的崩溃
公司雇佣的流动化
无法信赖、依靠的政治、行政
末端的"个体"、"个体"的把握技术

图 6－3

村到城市去打工。工业社会化的结果使小家庭成为主流。

在小家庭里母亲独自烦恼、苦闷，形成了母亲和孩子面对面的压抑空间。如果生活在大家庭，祖父母可以帮着带孩子，这样母亲也就不容易为养育孩子等问题烦恼而陷入死胡同。上面所提过的 2002 年上半年的连载报道《教育・养育》就是关于养育孩子方面的文章。这个标题想表达的主题是父母在养育孩子的同时自己也受到了教育，体现了父母与子女之间的相互关系。这也是我们报社在生活方面做的第一次连载报道，在读者中引起了很大的反响。当时，报社每天可以从为养育儿女而苦恼的母亲那里收到许多封来信、传真以及电子邮件。另外，连载报道结束后，我社还专门举办了一次"育儿论坛"，也是盛况空前。

另外一篇连载报道《看护的明天》主要讨论的是老年人的看护问题。从看护问题中也能暴露出"个体"问题。随着城市化、现代化的发展，导致了地域社会的瓦解、人际关系的淡薄以及对周围的人和事物的冷漠。孩子们都离开家到城里工作去了，因此原本依靠地区社会以及大家庭所支撑起来的看护老人的体系发生了变化，变成了老年人看护老年人。结果就造成了因为看护而疲惫不堪的看护人杀死自己父母以及妻子的杀人事件。对此，社会必须采取应对措施加以解决才行。

看护保险制度就是在此背景下出台、实施的。

再重新回到刚才所说的话题。随着社会价值观的多样化，个体和个性越发被显露出来。在此状况下，报纸该怎么做才能引起读者的关注呢？

第一，我认为首先是要有针对性。不能盲目、茫然地制作报纸的版面，而是要认真思考清楚每个版面是针对哪个阶层、哪个年龄段的读者制作的。如果用商店打比方的话，就是解散百货商店，然后设立由多个专卖店构成的复合型商店。

第二，要构建能让读者参与各版面报道的机制，实现市民新闻、广场新闻。只有被显露出来的个体参与到报道中诉说自己鲜活、生动的真实生活才能引起读者的共鸣，消除人们内心的惶恐和不安。前面曾提到过《信浓每日新闻》开设了小学生专版，为此我社特设了小学生特约记者制度。通过此制度让孩子们把学校的事情发送到报社编写成新闻。另外，在女性专版里开设了相关主题的自由讨论栏目，让读者根据不同的主题分别进行投稿。不仅如此，还在报社的主页上开设网上专题与报纸报道连动。在年轻人专版中，就某一封读者来信让年轻人各自发表不同的意见和主张。

对报纸版面进行专卖店化的改革，有人担心读者人数会不会因此而减少？然而这种担心是多余的。不知道读者是谁的报纸其结果就是谁都不会读这类报纸。比起那种不知道读者是谁的报纸，有针对性的报纸的确能多吸引 20％～30％的读者。

第 7 章　从地区发现国家与世界

1. 如何从报道现场应对“新闻枯燥无聊”的批评

为什么当今的新闻报道，特别是被称为“男性新闻报道”典型的政治以及政府方面的报道，简而言之就是关于“中央消息”的报道，对大多数读者来说很无聊、枯燥呢？

我认为这主要有两个原因。

首先是这些报道与市民无关。因为它们属于特殊的专业领域的新闻。其实不论是永田町还是霞关的消息从广义上来说都应该是跟老百姓生活息息相关的重要新闻。正因为如此，报纸才在头版、第 2 版、第 3 版等重要位置刊登与之相关的报道。但是，对一般的老百姓来说，那属于一个特殊的世界，所以总感觉这些新闻跟自己没有直接关系。事实上，此类新闻中常常会出现许多专业术语。与永田町以及霞关有关系的人能明白这些专业用语的含义，但是对一般老百姓而言就比较难理解。正因为不理解所以才会觉得枯燥无聊吧。

我举一个例子来具体说明一下。以前以“政府首脑”做主语的政治报道很多。但是政府首脑到底是指谁？对那些常跑永田町的政治记者以及退休的老记者来说是常识，但是，大多数老百姓并不明白。内阁官房长官每天举行两次例行的记者招待会，与参加这类记者招待会的记者不同，每家报社都有专盯官房长官的专职记者。这些专职记者会对例行记者招待会做补充采访并询问政府对各时间节点重要问题的意见。这类例行采访被称为“官房长官座谈会”。虽然在这个座谈会上不能做笔记，但是在写报道时，可以使用“政府首脑”做主语。这是在写此类报道时常用的词语。也就是说对于那些专盯官房长官的专职记者和不能做笔记的座谈会，“政府首脑”就是特指官房长官。

2002年5月31日举行的官房长官座谈会上，谈到了将来可能会对无核三原则（即作为核爆炸的受害国，日本不拥有、不制造、不引进，并将此三原则作为日本政府关于核武器的基本政策）做修改的可能性。第二天就用“政府首脑”做主语报道了此新闻，从而在议会上引起争议。当时，共同社还为此发了一条挺奇怪的新闻，内容如下：“福田康夫官房长官31日深夜……关于政府首脑谈及将来可能会修改无核三原则的说法，对东京都内的记者团这样应答道：‘无论谁怎么说，现政府是不会改变无核三原则的，而且也丝毫没有此想法。’”这个报道给读者造成的误解是政府首脑和官房长官是两个不同的人。确实，如果不这样报道的话，官房长官对自己所说的话在内容上会造成前后矛盾。但对永田町的记者来说，虽然他们知道政府首脑和官房长官是同一个人，然而他们明白这是原则上的话和真话的区别，因此并不认为官房长官所说的话前后有矛盾。但这种常识仅适用于永田町，普通老百姓并不了解。记者用永田町的常识来写报道，其结果就使得政治报道深奥难懂，因此，普通人也就认为政治是与自己无关的特殊世界。

另外，以此事件为契机，福田官房长官取消了在夜里召开座谈会的惯例，后来换了官房长官之后，座谈会完全变成了不能公开发表的非正式谈话。并且在报道官房长官所召开的座谈会以及他所说的话时，开始用“政府方面”这个词做主语来指代官房长官。这还是我的一位当政治记者的朋友告诉我的。

专业性的报道，不仅局限于永田町和霞关。比如关于科学方面的报道就属于专业类报道。如果用科学领域的专门术语报道的话，读者肯定看不懂，因此，对读者来说这类报道就变成了枯燥无味的报道。只有告诉一般民众这条新闻对他们的意义，才会引起他们的关心。所以报道科学领域的记者，只有在对所报道的内容嚼碎、嚼烂之后才能写出通俗易懂的文章来。（另外，在科学记者当中，也有一部人倾向成为某个领域的专家之后再写报道。我对刚入门的年轻记者的建议是：好好学习成为此方面的专业记者但不是专家。专业记者是连接专家和读者之间的桥梁，因此必须为联系两者而付出努力，但专家却并不需要为此付出努力。）

另外，关于永田町和霞关的报道让人感觉乏味的第二个原因是太抽象，所使用的资料都是二手甚至三手、四手等间接收集到的。最明显的例子就是关于统计方面的报道。从市町村到县再到国家层面，这样一层层间接收集来的资料已经把具体的细节删除并抽象化了。不仅如此，政府部门为了各自的好口碑还删除了那些带有个人痛苦或喜悦等感情色彩的内容，因此统计结果就变质成枯燥无味的话语。

我们该怎样应对“新闻无聊”以及“男性新闻报道”的批判

呢？首先我们要认识到永田町和霞关等“中央消息”的发源地是一个专业和特殊的世界。对此类消息的报道不能夸大，所以在写作时要在让普通老百姓易于明白、理解上下工夫。具体来说就是文章的标题不要太夸张，不要使用专业术语，要写得通俗易懂。如果出现专业术语一定要加以解释。使用以上技术手段或许能解决一部分问题。但是，说是这么说做起来可能就不那么容易了。尤其是当记者的常识性认识与普通老百姓之间有很大差距时，要写出让普通市民觉得通俗易懂的文章并不是件容易的事情。

或许身处特殊世界的记者原本就不了解普通市民的感受。政治记者之所以常搞错老百姓的认识和理解或许是因为他们身处在政治家和官僚的世界中，从而导致了他们的感受与普通老百姓不同。因此，期待这样的记者站在普通老百姓的立场上来写报道是非常困难的事情。所以虽然我开出了处方，但也仅仅是处方而已，无法过多期待。

其次是要解决抽象化的问题。抽象的反义词是具体，因此要解决这个问题就必须去现场实地采访。

减少派驻在永田町和霞关的记者，把他们都派到其他现场去采访。但是说归说，事实上这很难做到。为什么这么说呢？这是因为东京的媒体花了很长时间好不容易才建立起记者俱乐部，所以他们是不会轻易放弃自己的采访惯例和特权的。尽管对记者俱乐部有批评，同时为了降低其封闭性也进行了改革，但要解散和取消记者俱乐部是不可能的。因为对各加盟报社而言，尤其是对东京的报社来说记者俱乐部是他们的特权。为了维护这个特权，也不可能减少俱乐部的记者人数。

但是，总说这不可能，那不容易的话，读者就会越来越觉得报纸枯燥无味，报纸从而也就会走上越来越衰退的道路。解决报纸衰退的办法并不多，那到底该怎么办呢？从结论来看，只有记者亲自用自己的脚去跑新闻，直接报道大众的声音才是唯一的解决之道。具体而言就是应该把报道的重心转向民众而不是政府机构、政治家、各类团体的事务局等中央机构。而所谓的民众并非是指乌合之众以及那些分散成点状的个人。因为如果立足于这些人的话，即使怀有怎样的人生高论也仅局限在个人层面，无法扩展到国家和世界层面的高度与广度。因此，如果要与国家和世界相联系的话，立足于构成国家和世界的地域社会才是根本。只有通过对地域社会的人的采访，才能看清国家以及世界所存在的问题的本质。

我们再回到原来的话题。前面提到过造成新闻枯燥无味的重要原因之一是由于记者用“与普通人处于不同世界、以缺乏日常性的视角来制造言论”。其实，我认为这与当今报社的组织结构也有很大的关系。

作为第四种权力报社的社会影响力有了很大提高，同时，作为产业也走上了“一流企业”的发展轨道。记者无论在身份上还是收入上都成为“精英阶层”。现在我们常能遇见既想到报社来工作，同时也在应聘金融企业或考虑考国家公务员的大学生。也就是说这些大学生不是为了当新闻记者来应聘的，而是为了当精英才来的。因此在录用新人时，考察并判断他们是否具备新闻记者应有的素质变得尤其重要。

另外，录用后还会出现问题。具体而言就是某些新人靠着记者的名片，就可以轻易地见到有社会地位的人，因而觉得自己也很了不起。一个记者如果缺乏喜大家之喜，怒大家之怒，哀大家之哀，乐大家之乐的想象力和感受力，或许会成为偏执型的自以为是的记者。这类记者或许就是那些“与普通人处于不同世界、以缺乏日常性的视角来制造言论”的人吧。

到底该怎样来解决这些问题呢？归根结底就是要用自己的脚去现场跑新闻，用耳朵、用心倾听大众的声音，这才是根本的解决之道。

2. 以信浓每日新闻为例谈谈立足地方的优势

像信浓每日新闻这样立足于地方的记者，我认为比东京的永田町和霞关的记者所处的环境更有优势。这是因为这些地方记者与地域社会和市民接触得更紧密些，所以感受力也就更敏锐。只要他们能敞开心扉的话，是完全能够感受到人们的喜怒哀乐的，而从人们的喜怒哀乐中也就更容易找到和发现属于国家和世界性的报道主题。

这让我想起了一件往事。我们报社为报道外国劳工问题策划要写连载文章《打开门扉》。为此 1991 年 12 月还专门举办过一次宣传活动，后来此报道获得了第 39 届菊池宽奖。以此报道为契机，我作为报社当时的报道部长曾多次受致力于外国劳工交流和福利团体之邀参加过他们组织和举办的活动，并发表讲话。我记得有一次是东京・昭岛市的一个非政府组织，当时还是一个市民团体请我去做演讲时，有人就对我提出过一个很有意思的问题。他问我：“要说外国劳工的人数，东京应该比长野多得多，为什么偏偏你们长野乡下的报社要对此进行报道呢？东京的报道机关为什么不报道呢？”

当时，东京的上野和代代木一带有个叫“伊朗村”的地方，另外，乘坐从埼玉到东京的埼京线等线路的电车时，上来一大堆外国人在当时也并非什么稀奇的事情。然而，报道外国劳工问题的竟然不是东京的报道机关而是长野乡下的报社！所以提问者很想知道乡下的报社是怎样写出那么详细、具体的现场报道的。

当然，东京的媒体不是没有报道过外国劳工的问题，而且永田町和霞关也并非没有意识到所存在的问题。而且我在举办此报道的宣传活动之前，还专门拜访过东京的几所大学，询问并征求过学者们的意见，但我没有得到什么能立竿见影的意见和回答。为什么这么说呢？这是因为学者和官员们讨论的热点在于是否应该承认入国管理法规定的在留资格以外的入国，说得更具体一些就是在讨论是否应该接受这些单纯为了务工来日本的外国劳动者，讨论的焦点集中在是应该开国还是锁国的问题上。东京媒体的报道也都集中在这些内容和范畴内。

但是，我们认为这种讨论是徒然的。为什么这么说呢？因为那些单纯为了务工来日本的外国人已经生活在日本各地，这已是现实性的事实。当时日本经济富裕，既然缺乏劳动力，那外国人到日本来务工也就在所难免。就像水总是从高处流向低处一样。这些外国劳工的签证过期后，他们再呆在日本工作就变成了非法务工，从而产生了许多社会问题。由于担心雇主告发而被强制遣返回国，这些非法外国劳工不得不在低工资且恶劣的劳动条件下工作，他们无法接受医疗、教育更不可能提起诉讼。遭受到如此人权侵害的外国人并不少。我想昭岛市的市民在面对这样的现实时，也一定为此而感到痛苦吧。

我们长野的记者，不仅报道了这些外国劳工在工作方面，而且还报道了他们在教育、诉讼、医疗、社会等方面所遭受到的歧视和人权侵害以及与当地居民的摩擦和冲突，然后把它作为社会问题提出来。但是，为何东京的媒体对此问题的报道仅停留在“开国锁国”上呢？而且据推测包括报社、电台等近6成的媒体工作者居住在东京23个区里。

对于提问者的问题，我想了一会儿后这样回答道：“确实，在东京都内务工的外国人比长野多。但是，东京特别是居住在所谓东京都中心23个区的人，即便是日本人也都是陌生人的聚集体。因此，这个地方是大家可以相互无视对方存在的地域。每个人只是擦肩而过，虽然生活在同一个城市里但是可以相互没有关联。既然不存在共存的纽带，所以对外国人带着异文化涌入日本感觉不到痛苦，因此，也不会产生地域性的社会问题。长野县虽说城市里的人情也开始有所风化，但连接人和人之间的纽带还是存在的。外国人进来之后必然会与这个社会网络发生牵连，因此，在日常生活中就会产生新的紧张、摩擦以及人际关系的倾轧和痛苦。克服并解决这些问题需要付出努力，但首先就是要把这些问题作为地域性问题提出来呈现在大家面前。”

当地域社会纷争升级、开始控诉痛苦时，问题也就显露出来了。其实这个问题是日本社会普遍存在的问题，同时也是世界性的问题。从地域问题找到并发现国家和世界性的报道主题，这也是我认为地方记者所处的环境比东京霞关和永田町记者更有利的理由和原因。

《信浓每日新闻》早在20世纪60年代初就开始策划《农药灾害悄然来临》的连载报道，可以说在关于农药问题的报道上比其他报社要早一步。另外，也正是由于老龄化使长野县遇到了看护问题，才策划了关于看护问题的连载报道《看护的明天》，并展开宣传活动，后来此报道获得了新闻协会奖。长野县曾发生过银行工作人员杀死自己父母的杀人事件，还发生过老年人看护老年人，后来因为不堪看护的疲惫而将另一方杀死的杀人事件。这些事件如果发生在东京的话，可能只是当作单纯的杀人事件来报道，或者成为警察的统计资料就了结过去了。但是，长野的记者却从身边发生的事件看到并感受到事件发生的背景。这一点与坐在记者俱乐部里看通稿、资料和等着开记者招待会的记者是不同的。我还提到过一个关于养育孩子的连载报道《教育·养育》。这类报道一般都放在家庭版报道，但是我把这个报道登载在社会版上。这是因为在长野儿童虐待事件时有发生，当我从记者那里听到这些事件背后每个母亲的故事后，我认为这反映出当今时代是“个体被裸露”的时代，属于社会问题，所以就把报道发表在社会版上。

3. 河北新报和熊本日日新闻

不仅是外国劳工问题，还有公害等环境问题以及调整水稻生产的农业政策问题都是先由地方报纸报道，然后才成为全国性甚至国际性问题引起广泛关注和讨论的。这方面的例子多得不胜枚举，这里仅以《河北新报》和《熊本日日新闻》为例加以说明。

《河北新报》主要在宫城县和它周边的县发行，这家报社的编辑部也曾多次获得过新闻协会奖。其中最值得一提的是1983年的获奖报道《清除雪地防滑轮胎》。

在降雪较多的地区，冬天的时候会把汽车轮胎从普通轮胎换成无钉防滑轮胎。当路面冻结以及有压雪时，无钉防滑轮胎在接触地面时能较好地扒住路面，因此跟普通轮胎相比不易打滑。

所谓无钉防滑轮胎就是没有钉子的防滑轮胎的意思，但是，以前的防滑轮胎上是有金属钉子的。在汽车大规模普及的70年代，防滑轮胎在降雪较多的东北地区、北海道和长野普及得很快。但是在没雪的地方，防滑轮胎因为有金属钉子所以会削割地面。仙台市郊区的丘陵地带有很多住宅小区，那里因为地势比较高，所以路面常被冻结或被积雪覆盖，因此非常需要防滑轮胎。但是当汽车开到市区时，雪已经融化了，防滑轮胎就开始削割地面和柏油，结果就会产生粉尘。最严重的时候是在春天，那时仙台市中心降下的粉尘量能达到每平方公里200吨左右。长野也是。春天一刮大风时，感觉嘴里都沾着灰尘，柏油被削割后留下轮胎印。所以一到春天就得重新涂柏油并重新画人行横道线。

《河北新报》在1981年1月27号的晚报中刊登了《仙台城为何这样满是灰尘?》的投稿，由此开始了对防滑轮胎的讨论。并以此为契机组建了采访小组，在报纸版面上介绍相关座谈会和研讨会的举办情况。并发行1万份小册子分发给市民，引起了市民的广泛关注和讨论。1982年8月至1983年7月，关于此报道的宣传活动正式展开，策划了8集，共160篇的连载报道，其中还包括8篇海外报道。报道进一步激发了市民讨论，进而当地行政部门也开始有所动作，1986年4月宫城县率先于全国首先施行了防滑轮胎应对条例。后来长野县等地方也展开了反对防滑轮胎的运动，1988年6月在公害等调停委员会的调停下，日本国内7家轮胎生产商同意以1990年底为期限停止生产防滑轮胎。1990年6月日本开始施行防滑轮胎粉尘发生防止法，1991年4月，日本开始禁止在指定区域内使用防滑轮胎。

河北新报的宣传活动最了不起的一点是，尽管市民既是防滑轮胎公害的受害者，同时也是此公害的制造者，但还是将市民的议论和意见加以整理、总结，并将舆论导向朝着废止防滑轮胎的方向发展。在有压雪和冻结的路面，防滑轮胎对司机来说，“是守护生命的重要部件”，因此司机们对废止防滑轮胎持坚决反对态度。但是，当地政府和日本厚生省从健康的角度考虑对废止防滑轮胎持赞成意见。不过，警察厅从交通安全的角度出发，对废止防滑轮胎持反对意见。河北新报的宣传活动之所以能取得成果，主要是因为能倾听赞成和反对双方的意见，从多角度进行探讨，然后提出可实际操作和实施的具体方案。此类报道，如果让那些以采访政府部门为中心的东京媒体来报道的话，或许只会报道关于是否该废止防滑轮胎而引起的纠纷，或者用冷眼旁观的评论来敷衍了事。把相互对立的舆论现实性地统一起来，行政做不到，但是，报道机关，并且只有立足于地方的报道机关才能做到。河北新报不仅做到了统一舆论，而且还促使国家行动起来，使废止防滑轮胎成为国家政策加以施行。在这方面河北新报为媒体树立了榜样。

下面说一说《熊本日日新闻》关于水俣病的报道。

《熊本日日新闻》是在熊本县发行的报纸。水俣市的氮素水俣工厂在生产合成树脂等原料的工程中生成的有机水银（甲基汞）混入废水中流入不知火海（八代海）。当地居民吃了体内积聚有机水银的鱼类之后，会出现感觉障碍、运动失调、视野狭窄等症状，这种病被称为水俣病。1968年时水俣病被认定为公害。但其实早在水俣病被认定为公害前的12年，也就是1956年时，熊本大学和当地的医生联合会以及水俣市就已经公开承认存在此病症。

《熊本日日新闻》关于水俣病报道的量可以用巨大来形容。熊本日日新闻还在本报社的网页上开设了“水俣病百科”特辑专门介绍此类报道的连载和文章。这里我们不去赘述这些报道本身，主要是看看此报社的高峰武副总编以“水俣病与大众媒体——主要从地方报纸的视角来考察”为题的演讲录（《水俣学讲义》，日本评论社，2004年）。熊本学園大学2002年开设了“水俣学”讲座，高峰武副总编的演讲录，就是对他在这个讲座中的谈话的收集和整理。

我对高峰副总编的叙述中印象最深的一点是，他关于熊本日日新闻与总部设在东京、名古屋等报社报道角度不同的阐述。下面就举一个最明显的例子来说明这个问题。1976年5月熊本地方检察厅起诉原氮素公司社长和工厂厂长因为业务上的过失导致人员死亡。对于这个起诉，检察厅在如何克服时效性上费了很大的力气。为什么这么说呢？因为这个起诉以胎儿性水俣病孩子的死亡之日为起算日，然而当时对胎儿的伤害是否算作对人的伤害尚未提及过。别的报纸对此起诉的报道焦点放在“划时代的起诉”这点上，而熊本日日新闻的报道重点则放在“过迟的起诉”上。并且这个起诉是在接到水俣病患者团体告发氮素公司杀人罪后才被提起的，并非熊本地方检察厅积极、主动起诉的。

这次的起诉从判例的角度或者司法的角度来看确实有划时代的一面，但是从水俣病的历史来看，这个起诉真的是太迟了。我认为地方报纸的判断是正确的。

关于这一点，高峰副总编也提到了。水俣病患者在不认定他们是公害受害者也拿不到补偿金的情况下抗争了20多年。终于在1995年由自民党、社会党和先锋党组成的联合政权出台政策，决定给水俣病患者每人260万日元的补偿。几乎所有的水俣病患者团体接受了这个补偿金并与氮素公司和解。但是不接受此补偿的水俣病患者们以关西为中心，提起了关西诉讼。另一方面，接受补偿与氮素公司和解的水俣病患者，因为患上此类怪病而受歧视，另外，那些先发病的和后发病的病人也未必是同心同德。问题变得非常复杂，该如何报道才好，记者也很头疼。这时，前辈记者告诉后辈说："如果不知道该如何报道的话，就到现场去采访采访吧。"于是后辈们就到现场去采访水俣病患者，听一听他们是怎么说的。听了患者的话之后，记者找到了坐标轴，明白了问题所在，敌人是谁。于是也就顺畅地写完了报道。记者只有重视现场，以地域为立脚点才能找到明确的坐标轴，捕捉到真实从而揭示真相。

虽说立足地方有优势的一面，但作为地方性的报纸也有地方报纸的劣势和问题。关于这一点，我对高峰副总编的叙述中印象较深的是在问题发生初期对熊本日日新闻立场的描述。

渔民和患者认为造成水俣病的原因在于氮素公司排出的污水，要求氮素公司关闭工厂。这时，县政府作为调停人出来调解纷争。其实氮素公司曾用猫在公司内部做实验，得知原因就在工厂排出的污水，但就是不对外宣布。不仅如此，1959年12月30日氮素公司与水俣病患者签订协议，答应给每位死者支付30万日元的慰问金，但同时在协议中规定即使知道造成水俣病的根源是由氮素公司造成的，也不得再要求补偿。这个协议后来因违反公共秩序和善良风俗而失效。但是，当年熊本县知事、县议会议长、水俣市市长、熊本县町村会长以及熊本日日新闻报社的社长都曾是这个事件的调停委员。熊本日日新闻曾拒绝担任此调停委员，但对方说只想借名字一用而已，于是就成了调停委员之一。熊本日日新闻永远都要铭记这个深刻的教训，且扪心自问以后该怎样把水倮病报道下去？为什么这么说呢？因为对地方报社来说，包括记者在内都无法从那个地方逃走。

“立足本地”说起来似乎很简单，一旦追根溯源起来是无处可逃的。但无论怎样被追赶逼迫都要在那里生存下去。如果不把自己逼到这个份儿上，恐怕也不能说在当地立足了。总部以及根据地不在当地的报社记者，一旦负责人被调离到别处去的时候，不管本人还是报社都可以重组，但是这种可以重组的报社是无法立足于当地的，因此也无法看清真实和真相。

4. 与虚拟化做斗争

把目光转向地方能使新闻报道不再枯燥。因为这样做可以打破“与普通人处于不同世界、以缺乏日常性的视角来制造言论”的状况。同时我也举了《信浓每日新闻》等地方报纸的例子来说明这个问题。但是，是不是只要把目光投向地方就足够了呢？其实不然。把目光投向地方触及其现实的同时，还要考虑那个现实对国家和世界来说有什么意义，应该如何改变国家和世界？如果不做这样深入思考的话，视线可能就会完全被地域社会的状况所占据而看不见其他，因此也就无法看清地方所存在的问题，也找不到解决问题的方法，从而也就无从发现国家和世界所存在的问题。

立足地方的同时要思考国家和世界，也就是要求我们“住在小世界，思考大世界”。

要把地方跟国家和世界结合起来看待事物，特别是能把国家和世界的问题联系到地区的现实来看的话，不仅可以打破新闻枯燥无聊的状况，而且对于媒体在思考新闻的作用上也具有重要意义。

现代社会随着技术的进步以及媒体多样化的发展，人们可以通过各种各样的方式获得信息。但与此同时，对于活生生的现实和事物的本质却越来越无法看清。

“战争一开始，最初的牺牲者是真实的。”这是 1917 年美国决定参加第一次世界大战时，众议院议员海勒姆·约翰逊所说的话。他之所以这么说或许是担心由于军方当局的检查、审阅以及宣传活动导致新闻报道被限制从而无法看清真实情况吧。然而时至今日，近代化和计算机化却成为一场看不见硝烟的战争，即使权力没有对新闻报道加以限制，要看清真实也并不容易。在攻打伊拉克时，美方为了不让世界感受到战争的悲惨，主张实行“集中一点攻击”，也就是只破坏目标物。其实，因为炸弹以及建筑物的碎片而死亡的人并不少。但是如果我们仅看电视上播放的爆炸瞬间的画面的话，感觉就像电子游戏一样，悲惨的景象被遮掩，所以根本感受不到死者的悲痛。

不仅在战争之时，就连平常的时候，我们都已不易看清真实，这就是目前的现状。人们的认识被虚拟（假想现实）所掩盖的原因有很多。

我认为最主要的原因是由于远离自然，导致连地球都无法看清的城市化造成的。支撑城市化的技术以及计算机等使得真相不易被看清的同时，也弱化了居住在那里的人们的感受力。正是基于城市的这些特点，媒体特别是图像媒体对人们的判断产生了较大的影响。关于这一点，我在前面已经论述过了。

关于真实与虚拟，边见庸这样论述道：

“在资本和技术的千年王国里不可推测的事态在此发生了。即与声音和影像的复制、播放、解像技术的革命性进步正好相反，真实的事物被虚拟形象抢占了存在空间。另外，人类社会在标榜进步的同时却对自己制造出来的风景的真伪无法分辨。既听不清也看不清，心灵的听力和视力（想象力）已经衰弱到濒临危险的地步。这真是凄惨的悖论。”（《图片报道 13 个人的眼睛》前言，集英社新书，2005 年。）

关于媒体的责任，山口二郎北大教授这样说道：“民粹主义政治的思考省略与媒体的动向密切相关。媒体已懒于挖掘问题，有让人们不用动脑筋思考就能轻松明白道理的一面。”（《战后政治的崩溃——民主主义该向何去?》，岩波新书，2004 年。）

报纸、电台等虽然被称作大众媒体，但是比起交流的功能来，它所起的作用更多是自上而下垂直型地传播信息。对于媒体的这种批评其实很早就出现了。现在媒体被称为无机质媒体，真实被假想现实所掩盖或许是造成这种状况的原因之一。

人们一边期待着政治，一边却不得不面对严峻的现实（家庭平均收入减少、失业率、自我破产、打工族、无家可归者、自杀人数的增加）。这些其实都被政治家的一举一动所左右。政治局面发生改变的假想现实是媒体与政治家联合制造出来的。

与战争的假想现实化一样，政治和社会的假想现实化将会把人们和国家引向与缓解生活在现实中的老百姓的痛苦毫无关系的方向上去，这是非常可怕的。因此，为了与虚拟化抗争，记者也应该走向地方和现场，从那里发现并找到国家和世界的真实情况后再做报道，这一点也很重要。

第二部

新闻报道的技巧

第1章　新闻记者的适应性与行动规范

1. 新闻记者是一种怎样的职业

我们先从报社的企业特性来看看报社的特点。报社简而言之就是以新闻为产品，因此从广义上来说可以算作制造业。

我觉得还可以把报社比作制作面包的工厂，也可以说是私人办的豆腐店。为什么这么说呢？因为他们都以满足顾客对购买商品新鲜和好吃的要求为目标，而制作的时间常常是在深夜或者黎明时分。“新鲜”是新闻必须具备的基本要素。为此，报社常常在截稿的最后一刻把最新的新闻填进去，深夜印刷、配送。

报社最羡慕面包工厂和豆腐店的一点是每天的材料都是一样的。当然，面包工厂根据每天制作的面包的种类不同所需的原材料也会有所变化，但这是事先可以计划的。但是，构成报纸的新闻素材每天都是不同的，不等到晚上是不会知道今天都有哪些原材料。

如果是普通的制造业的话，只要让顾客高兴就行。当然，像汽车之类的商品还需满足安全标准，同时不能造成公害，所以尾气排放也必须符合标准。另外，对于像食品之类的商品还规定了不能使用的添加剂。所以说任何商品都不是完全按照自己的喜好制作出来的。只有先弄明白了社会制约之后，才能进一步考虑如何赢得顾客的欢心。

那报纸又怎么样呢？当然，满足顾客也就是读者的需求是非常重要的。如果不能让读者在读报中感受到愉悦，读者也就不会花钱买报纸了。但是，仅仅这些还不够。有时可能不能让读者感到高兴，但还是有些不得不制作的版面、不得不报道的新闻和消息。发行报纸需要纸张费、油墨费和人工费。出去采访也需要交通费，同时还要给记者支付加班费等。但是，报社为了给读者传达重要新闻，就必须要制作这些版面而不能去计较花费。这就是报社与一般企业的不同所在。

1995 年日本发生阪神大地震时，当地的神户新闻报社的总部大楼被完全震坏。在这次地震中神户新闻报社的职员有的失去了家人，有的失去了住处。不过在京都新闻报社的支援下，该报社继续使用没受到地震损害的印刷厂，当天晚上就恢复了办报并且一天都没停歇，坚持发行报纸。另外，在随时都有可能发生地震的静冈新闻报社，发生灾害时，来报社上班的职工除了可以通过手机安全确认网确认家人的安全外，还将从报社领到一本灾害手册。信浓每日新闻报社也编写了《灾害行动手册》，其目的就是为了在长野县发生地震等灾害时，报社也能一天都不停歇地正常运转。

任何产业都需要通过制作和流通来为社会服务。也就是说每个企业都有各自的社会作用。报社与普通的民间企业相比其社会作用要大得多，这是因为其公共性决定的。

因此，在报社工作的员工要时时刻刻把自己所承担的社会作用记在心里，并以此来指导自己的工作方式和行动。下面就举信浓每日新闻广告部员工的例子来说明这个问题。2000 年 3 月 7 日东京地铁的日比谷线中目黑车站附近发生了电车脱轨相撞事件。当时的情况是这样的：下行电车的最末节车厢出轨与上行电车相撞，相撞的两辆电车都受到了严重的损害。在开往东京市中心的上行电车的第六节车厢中，前方靠门附近的 4 名乘客死亡，另外还有 35 人受伤。当时在信浓每日新闻东京分社营业部上班的女职员刚好也在发生车祸的上行电车里。第一节和第二节车厢没事。前四节车厢都停在了隧道里，所以手机打不通。20 分钟后乘客终于可以从电车里出来了，于是信浓每日新闻报社的女职员就跟其他乘客一起从车里出来，到能打通手机的地方给东京分社打电话报告了事故的情况。然后又走了约 100 米远到中目黑车站，在站台的售货亭里买了一台傻瓜照相机，拍下了发生交通事故的站台的情景以及两辆相撞电车的照片。然后从涩谷站中转迂回到了东京分社附近的东银座，从那里出来找到一家照片冲洗店，然后拿着冲洗出来的照片回到分社。因为发生交通事故的地点位于市中心，摄影师很快就赶到了事故发生地，所以很遗憾我社职员拍摄的那些照片没能派上用场。但是，如果事故发生在遥远的地方，记者赶到事故现场需要花很长时间时，那么当时在现场拍下来的照片就会显得很珍贵。

现如今，这个社会是怎样的，今后又会变成什么样？告诉人们确切的事实，这的确是报纸日常必须要承担的社会作用，或者说是报道使命。当世界上因为大的灾害发生混乱时，流言也就更容易散布和传播。这时，媒体在消除人们内心的不安、安抚大众情绪上所起的作用是非常重大的。

为人们传达必要的信息是媒体所应承担的重要的社会作用之一。除此之外，媒体还承担着让人们进行充分讨论、交流的职责。它时而警示世人，时而呼吁世人，时而展开宣传。简而言之，它承担着民主主义社会不可或缺的言论机关的作用，而报社则是所有言论机关中历史最悠久，并处于最核心地位的媒体。

如果报纸承担着公共性社会责任的话，记者这个职业与在普通公司就职的职员也应该有所不同。如果在报社就职，你认为可以享受平凡的工薪阶层的生活、兴趣以及下班后的时间并能找到生活的价值和意义的话，那你只想对了一半。还有另外一半并非你想象的那样。或许你过着你所想象的生活，但是还有很多你没有想象到的事情。

神户新闻报社的例子是个极端的例子，但是当有大事件发生，需要制作号外时，你就必须取消原定好的约会赶赴现场报道，而且这种情况经常发生。也就是说，记者这个职业有时是要牺牲自己的生活和精神上的安定来完成社会使命和责任的。

1919 年著名的社会科学家马克斯·韦伯（1864～1920）为慕尼黑的学生团体自由学生联盟所做的“政治作为一种职业”的演讲中，关于新闻记者他这样说道：“这不是谁都能走的路。其中那些性格软弱的人，特别是因身份、地位的不安定而无法获得精神上平衡的人，是最不适合的……记者的生活无论从什么方面来看都是在冒险。是以在别的处境中无法体验的方式来考验你内心的安定。”

“让你惊奇的还不只是这些，事实上在这些人当中，有很多人非常有价值而且真的很纯粹。这一点恐怕是业界外的人想象不到的。”在当时，新闻记者并不是让人高看一眼的职业，现在，记者这个职业不仅有非常稳固的地位而且还让人对它充满敬意。不过，马克斯·韦伯对新闻记者特性的描述同样适用于现在。

我认为对记者还有一个特别的要求就是要“公私分明”。这个要求或许不仅对于记者而言，对任何一个在社会上工作的人来说都是基本要求。在政府机构如果谋求私利就会遭到渎职的弹劾。报社比一般的民间企业更具有公共性，正因为拥有被称为第四种权力的影响力，在对公私的区分上也应该像政府机构那样严格要求才行。因为很多时候有人想让记者只跟从自己，或者想利用记者。因此，记者必须有毅然决然战胜诱惑的坚强意志，同时记者不应该过于看重物质、金钱和名誉。也就是说记者不应该用报社所具有的社会性力量为自己谋求私利，哪怕只是一点点。

战前，信浓每日新闻报社的主笔桐生悠悠曾说过这样的话：“记者绝不能靠近权力和金钱。”并将此话作为座右铭告诫自己。桐生主笔这句话的意思其实是在告诉记者应该远离谋求私利和社会地位的诱惑。

信浓每日新闻报社在教育记者时会告诫记者不要喝免费的酒，不要接受采访对象的宴请和礼物，等等。另外，最近对报社总编不成文的规定是不打高尔夫球。为什么会有如此不成文的规定呢？这是因为如果去打高尔夫球的话，就无从谈起体恤每天辛辛苦苦、忙忙碌碌工作的人的心情，从而也不可能跟他们用同样的视角看问题。正因为在日本的企业社会中，美酒佳肴和高尔夫只用于招待，所以更要与之保持距离才行。

2. 新闻记者的极限以及与自由记者的区别

下面我们从另外一个角度来看新闻记者。记者确实是新闻记者中的一员，在报社工作的记者就是报社记者。报社记者有时候不能仅凭新闻理论行动。作为一名报社记者既是新闻记者同时也是报社的工作人员之一，所以要把两者结合起来考虑才行。

前面我们所说的作为承担报道机关作用的记者的生活方式，大家或许会觉得酷极了。下面要谈论的话题跟酷不酷没有关系。记者既然是公司的工作人员就必须按照公司的从业规则行动，同时要加入工会。因此也就成为劳动法、劳动安全卫生法和劳动灾害保险法的保护对象。如果记者因为工作而遭遇事故受伤，会得到劳动灾害补偿，如果万一不幸身故的话，公司会对死者家属负责。

既然是公司组织中的一员，所以就不能单凭报道使命来行动。因此，说得难听一点，有时这些规章制度或许就成了阻碍记者行动的羁绊。

2004 年一系列关于伊拉克的报道，使“自由记者”这个词满天飞。5 月 27 日傍晚在距离巴格达南部约 30 公里的伊拉克中部地带发生了车辆袭击事件，导致乘坐在车里的两名日本自由记者桥田信介和小川功太郎死亡。在此之前的 4 月份还发生过一起绑架日本人的事件，其中就包括自由记者安田纯平。

在电视转播中也是自由记者在做现场报道。当然，报社、通讯社以及电台的记者们也都在冒着危险进行采访。但基本上都是首先考虑人身安全，从约旦等周边国家撤出来了。即使进入到巴格达发觉危险也会立即撤离。因此给人的印象是活跃在战地最前线的记者全都是自由记者。

为什么各家报社的记者感到危险就会撤离呢？这是因为公司不想让职员遭受到危险而对他们下达了撤离的指示。从我担任报社总编的经验来看，由于工作而让记者丧失生命这类事是绝对要避免发生的。

然而，在伊拉克遭绑架的安田纯平曾是信浓每日新闻报社的记者。我担任报社总编的时候他辞职了。他原来在松本的报道部工作，后来希望调到文化部，就在要调他去文化部工作之前，他请了两周的假去了阿富汗。调到文化部之后，他说想写关于农药和食品安全方面的连载报道就到各地采访去了。在连载报道开始前的 2003 年 11 月，他又请了两周的假，参加了一个市民团体组织的伊拉克旅游团。新年过后，他打报告说想去伊拉克要请两个月的假。当时，萨达姆·侯赛因对西方国家新闻记者的入境规定非常苛刻，即使发签证也只给记者发两周之内的签证。日本共同社的记者当时就是每两周轮流替换着去巴格达。但是，对民间志愿者，萨达姆想把他们当人肉盾牌，因而积极接纳。

因此，让伊拉克给新闻记者发两个月时间的签证是不可能的。当时我问安田记者两周不行吗？他说最少要在伊拉克呆两个月，如果可能的话想呆上半年，然后就辞职了。回国后他写了一本书叫《被囚于伊拉克》（2004 年现代人文社出版）。从这本书来看，当时他是作为萨达姆的人肉盾牌的重要成员跟着市民团体组织的旅游团去的伊拉克。当时，我们报社的记者中请假半年或一年，去国外留学或者在日本国内大学学习而停薪留职的人并不少，也就是说可以选择停薪留职的方式出国，但是安田记者选择了放弃自己的记者身份去伊拉克。从他写的书来看，当时他这么做，对他去伊拉克是有利的。因为伊拉克情报部对新闻记者太过敏感，据说有一次他是以自由报道人的身份跟着市民团体申请去伊拉克的，结果就被刷了下来，然后他是以想学习阿拉伯语为申请理由才再次进入伊拉克的。

日本媒体因为采访而造成多人丧命的事件发生在长崎县云仙普贤山的火山喷发口。那是 1991 年 6 月 3 日下午长崎县云仙普贤山爆发大规模的火山碎屑流，当时在那里采访的摄影师等 14 人被火山流吞没而死亡。另外，在此次的火山流中死亡和失踪的人还有给记者们开车的汽车司机、当地居民以及消防队员和警察共计 43 人。事故发生之前，有报道批判某些媒体说，部分采访报道团进入避难区域的空屋里擅自用电，事故发生后当地居民说："那些殉职的警察就是听说有采访团进入到限制区域才跟进去的。"

那年秋天，大众传媒伦理座谈会全国大会在新潟召开。报纸、电台、杂志、广告等相关从业人员聚集在一起，对大众传媒的日常伦理以及所存在的问题进行了讨论。当时我担任四个分组讨论会之中的一个小组长。在讨论"采访・报道的节制度"这个主题时，云仙普贤山发生的事故被提起，特别是关于图片周刊杂志的记者进入到禁区内进行采访报道的问题引起了大家的讨论。对此，那些进入到现场进行拍摄的摄影记者们说："如果对报道如此加以限制，那只能看到自卫队拍摄到的影像，这是新闻报道精神的衰退。"对于图片周刊杂志的摄影记者的观点大部分与会者认为"非常有勇气，令人佩服，但是……"

关于这一点，大家也把 1991 年 1 月海湾战争爆发时，除了 CNN 之外其他媒体都撤出伊拉克的事例提出来讨论。据留在伊拉克的 CNN 电视台记者比得・阿奈特说："美国知道我有时会呆在这家饭店，所以我确信美国是不会轰炸这家饭店的。对那些冒险的新闻记者我不相信他们。”于是，会议也提出了“公司是否有权让年轻记者去冒生命危险”的问题，最后与会者统一认识，强调必须彻底贯彻安全采访的原则。

其实在云仙普贤山发生火山喷发事故时，当时有记者在地震火山观测所，当察觉火山活动异常后就联系了长崎电视台的机组人员，于是长崎电视台的机组人员就从危险地带撤出，逃过了那场灾难。所以，如果切切实实地做好灾害预报，并且优先考虑如何避险的话，还是能够拯救生命的。无论如何至少要做到准确判断情况并避开危险。不过对记者来说，想靠现场再近一些是他们最迫切的心情，那么，在现实中有没有既可以实现此愿望而又能减少遗憾的方法呢？下面举个例子来说明一下。

2003 年 3 月 20 日，美国对伊拉克开战。当时，日本的共同社是最后一批从巴格达撤出的，只留下日本媒体的特派员、自由记者绵井健阳等人。绵井记者在文章中这样写道：“当时，在那种情况下选择留在巴格达继续采访完全是我个人的判断和决定。当时我是自由记者，所以在身份上与要接受总部命令和业务命令的公司员工不同。”（《新闻研究》，日本新闻协会，2004 年 5 月号。）

绵井等自由记者组建了一个叫“亚洲新闻・国际”的组织。加入该组织的成员都要交换誓约书。誓约书的主要内容是说从何时起至何日的采访是“根据誓约者个人的意志决定的策划和提议。誓约者本人对现场的采访、行动和判断负完全责任。因此，在誓约者身上所发生的任何事情都与亚洲新闻・国际没有任何关系，亚洲新闻・国际对此也不负任何责任”。具体来说就是“在当地死亡时，不要求把自己的遗体运回日本（如果在海外死亡，除了飞机坠毁导致的死亡之外，把遗体运回日本大约要承担 1000 多万日元的花费，因此遗体必须在当地处理）”，以及在采访现场发生任何事件或事故都不要求日本政府解救，也不提起诉讼和赔偿要求等。

我觉得有必要想办法让记者和公司之间达成一种誓约，但其内容不必像前面所说的那样苛刻，以便让记者能够按照个人判断有一定程度的行动自由。

不仅是在危险地带采访，即使是日常采访，有些地方的劳动局对记者长时间工作是否属于违反劳动标准法表示出关心。当记者从作为新闻记者的使命感出发追逐问题时，让他注意工作时间的长短也是不太可能的。

其实正是记者的公司职员意识，弱化了他们作为新闻记者的职业性。因此，现在是时候认真思考一下什么样的体制和机制才能让新闻记者便于行动这个问题了。

3. 新闻记者的快乐

如果尽说一些当记者不容易的话，或许会让人感觉当记者并不快乐。其实不然，我认为当记者很快乐。换一个角度来说，如果你并不觉得我下面所说的快乐是快乐而是痛苦的话，那说明你并不适合这个工作。

当新闻记者有许多快乐。

（1）自我表现。

我因为要面试来报社应聘的大学生所以有机会接触到他们。当问起来报社应聘的原因和动机时，相当多的大学生都回答说“想对社会有用”。但是大部分的职业出于某种原因对社会而言都是不可缺少的。话虽如此，我觉得回答说当记者的目的是要对社会有用的学生中，大部分认为报纸具有启蒙的作用，比如可以通过报纸版面给世人敲响警钟，等等。

报纸确实具有这样的功能。但是，从每天的版面来看也并不全是启蒙性的文章，报纸上刊登的报道其实是多种多样的。

写报道时也不能马上就能表现自我。写事故、事件等社会报道以及经济报道时，必需要用最简洁的文字表达最丰富的内容，因此基本上没有自我表现的余地。与此相反，在写社会方面的与事件相关的话题以及人们的反应的报道，或者是写连载报道，或者是写对事件以及问题的背景等解说性的报道时，记者的视角就显得很重要了。因为这反映出记者作为专家的洞察力和人的品性。选择不同的词汇不仅能让标题发生变化，受重视的程度也会不同。有时你的署名会被读者记住。对于爱自我表现的人来说没有比当记者更快乐的职业了。

（2）结识许多不同类型的人。

青木彰先生曾是产经新闻报的总编，并在筑波大学和东京信息大学讲过新闻理论课，而且在《东京新闻》上也曾连载过他写的“媒体评论”的文章。2003 年 12 月青木彰先生去世，享年 77 岁。在他去世的 4 天前，他写的书《新闻的力量》（东京新闻出版局）出版了。在这本书中他这样写道：“新闻记者的工作是发现人的旅程。能够触摸到许多人生的褶皱是一件很不错的事情。我希望年轻人，包括努力在寻找生存方式的新闻记者能对此有所了解。”

一说到能结识许多人，有人可能马上就会想到这对建立人脉有好处。确实有这方面的益处。打一个电话过去就能让对方无拘无束地谈一下话，这样的人际关系你拥有多少？对记者来说人脉就是财产。

但是青木先生所说的不仅仅是一般意义上的人脉，而是能够和人们共享人生的精彩。衡量“人生幸福”的标准是多种多样的，有的人认为存很多钱是最幸福的事，也有人把名誉和地位作为衡量幸福的标准。但是，我想说在有限的人生中，能结识多少与自己同时代生活的人，并能与他们共享喜怒哀乐，难道不也是一种幸福吗？

即使不是什么名人，在街头巷尾也有不少优秀的普通人。记者可以结识许多不同类型的人。接触的人越多写出来的报道也就越有深度。不愿意结识别人的人，不适合当记者，只愿意自己说个不停，不喜欢听别人说话的人也不适合当记者。

与他人相识不仅可以写出好报道，制作出好的报纸版面，还能结交到好朋友，有时候还能遇上自己人生的老师。以我为例来说，我就是在采访中结识了一位像父亲一样可敬的人物，他就是作家中野孝次先生。中野孝次先生2004年7月去世，享年79岁。他不仅写过畅销书《清贫的思想》，而且还执笔过把日本人的思想逼向深渊的文艺评论和许多随笔。与他相识之后，我才知道他每年8月份最后一周的星期天都会来长野县须坂市的净运寺做以“无明塾”为题的演讲。为了听中野先生的演讲，每到讲座时就会有200多人聚集到寺院里来。讲座之后，中野先生总会叫上我跟他以及其他讲师一起吃饭。有一年清晨5点钟时，他打电话来我家说：“我正在饭店附近散步，你家好像就在这附近吧？”放下电话我立即出去找他，并把他请到家里来。我也去过他横滨·洋光台的家好几次。后来我接到过他写来的一封信，说自己生病了。那之后不久，净运寺的小林觉雄住持打电话告诉我说，中野先生已经去世 6 天了，葬礼秘密举行，只有很少的个别人知道。当时，我通过编辑部把此消息告诉了共同社，于是共同社在全国范围内报道了中野先生去世的消息。

我是在担任报道部长时第一次与中野先生相识的。当时我们在做一个关于环境教育的宣传活动，在长野市举办研讨会也是这次宣传活动的组成部分。我们计划把中野先生作为此次研讨会的核心人物，于是就约在横滨的料理店跟他见面。当时，他的著作《清贫的思想》还没出版。当我告诉他参加现场讨论的其他两人中有一位是美国世界观察研究所的所长、环境学家莱斯特·布朗（现在为地球政策研究所所长）时，中野先生说："我也在思考相同的问题。"另一位参与讨论的嘉宾是德国的童话作家米歇尔·恩德（1995 年去世）。他写过《说不完的故事》，此小说还被改编成电影《大魔域》，另外他还写过长篇小说《默默》（《Momo》）。

结果，恩德作家来日本时身体状况不太好，就雇了德国的摄影师团队拍了拍他在附近公园一边散步一边对听众讲话的镜头。举办研讨会是 1993 年的事情，当时面对 600 多名听众，布朗先生与中野先生分别发表了演讲并现场对谈，同时播放了恩德先生对听众讲话的录像。在此之前，因为曾邀请过布朗先生来长野演讲与他有一面之交，所以那之后就以此为契机，不断邀请他出席演讲会以及在报纸上发表文章等，这样他才抽出时间来日本参加了此次在长野举办的研讨会。

（3）能进入许多现场。

当记者最大的享受就是能进入各种现场去聆听和观察。因此能比一般人更早了解到现场的情况。人总有想看一看、听一听、感受一下新鲜的、奇异的事物的欲望。当记者可以完全满足人的这种欲望。所谓“百闻不如一见”，当记者就能以工作的方式实现这“一见”。反过来说，如果没有猎奇心理，或者说猎奇心不是很强烈的人，不太适合当记者。那些不爱去外面到处走走，只愿意呆在电脑旁喜欢上网看东西的人，以及喜欢专心研究一种事物的人都不适合当记者。记者的能力高下不是以年头来论的，而是取决于采访次数的多寡。所以判断一名记者的能力不是看他当了几年记者，而是看他去现场采访过多少次。

（4）能与优秀、出色的同事共事。

包括其他报社在内，我认为记者之间的相处没有上下级以及前后辈的分别，而是以更宽泛的记者同仁的方式相处。我只在报社工作过，所以无法与其他职业作比较，但是我觉得当记者应该比从事其他行业更快乐一些。为什么这么说呢？这是因为虽然报社也存在上下级和前后辈的关系，但当大家都是记者时，每个人都以自律的方式跟对方相处。例如，我跟长野县行政采访团队的领队谈话。当谈到县行政话题时，我们之间的关系就超越了领导和员工的关系，而变成过去的县行政采访团队的领队与现在的领队之间的对话。我们在互相交流经验和信息的过程中让谈话变得热烈而愉悦。

我想其他报社记者间的关系也是如此。记者们在工作中，在相互竞争的过程中逐渐了解了对方，即使后来被调到别的地方去工作，彼此间还会写信保持联系，有的甚至成为好友。谈起过去曾经共事的往事，美好的回忆在彼此心中绽放。

第 2 章　采访的技巧

1. 比采访技巧更重要的

人们都认为记者文章写得不错，记者的文章写作能力在长期的连载写作以及现场报道中确实得到了锻炼，所以长篇文章写得很好。不过，在日常的写作中，如何把事实在有限的篇幅内用最简洁的语言表达出来，记者写这类短篇文章的时候更多一些。所以文章的写作能力并不是最重要的。

对记者来说最重要的是采访能力。尽量多收集信息，然后从中分辨出哪些是真实的，哪些是虚假的，这种分辨能力也很重要。我家孩子小时候问我："爸爸，你是做什么工作的?"我这样回答道："爸爸的工作就是识破别人的谎言。"

嘴上说说挺简单，但实际做起来却很难。回顾我的记者生涯有好多次都被蒙骗了。最普遍的采访方法就是跟采访对象见面，然后从对方那里获得信息。采访对象大多情况下是人，他们会有意识或无意识地撒谎，因此记者也就很容易上当受骗。

以采访技巧为主题来进行讲述，我多少觉得有些难为情。为什么呢？因为我在这里讲述的话，感觉就像是在讲“要嘴皮子的技巧”。嘴上功夫在谈恋爱时也是很重要的一件事情，如何把自己的心思告诉对方，让对方跟自己行动一致是需要表达技巧的。但恋爱时有恋爱之情，有觉得可爱的对象才需要表达，而我在这里没有表达对象只讲表达技巧好像有点欠缺。那么在采访时，什么相当于“恋爱之情”呢？我认为对采访对象的诚意以及对采访主题的热忱就相当于“恋爱之情”。

这也是采访对象教给我的。当时我曾花了很长时间追踪采访一位要引退的政治家。在我查明他的支持者秘密聚集在一起正在饭店开会决定后任人选后，我就找到那家饭店，走到他们开会的房间。我进去的时候他们刚刚散会，当有些人正想把我抓起来的时候，他们的领袖出来制止了那些人。那位长者对我说：“虽然你我立场不同，但是我明白你的热忱。”随后他答应接受我的全面采访，但也提出一个条件，就是让我再等两天，等他把事情都安排妥当之后。当那位长者说“你的热忱”这句话时，我的心也被触动了，我一下子明白了热忱是可以推动他人的力量。

2002 年我社连载了关于养育孩子的报道《教育·养育》。这个连载的第二个系列需要对长野县内的儿童养护机构做现场报道。战后儿童养护机构主要是为了收养在战争中失去双亲的孤儿。但是，现在生活在此机构里的儿童不仅是孤儿，更多的是那些因为离婚、家庭暴力以及虐待等原因而无法在家里正常养育的孩子。这个机构里生活着从两岁到高中生不同年龄层的孩子。孩子们是因为什么原因被送到这个机构里来的？他们又是怎样看待自己的父母的呢？如果不对孩子进行采访的话，就无法写出真实的情况。

对收养机构的名称做了虚构后，得到了机构的协助开始进行采访，但是孩子们并不配合采访。两三岁的小孩还是很愿意接近记者的，但是那些正处于青春期的高中生和初中生们围住 30 多岁的记者问："你干吗来了？""你怎么又来了？"有时候他们甚至想殴打记者。最初，那位女记者吓得跑了回来，这样反复了几次后，那位女记者也明白对此机构的报道在整个连载中的重要性，最后，如坐针毡的她干脆搬到儿童养护机构里住了近一个月。住进去之后，虽然还有人骂她，但是在与孩子们共同生活的过程中，孩子们也就渐渐对她敞开了心扉。我想正是这种不辞辛劳的热情和真诚才写出了打动人心的真实。

下面谈谈采访的技巧。采访前先要搞清楚报道的类型，即要写什么样的报道。是当天的报道呢，还是长篇连载报道？或者是介绍人物的报道、需要深挖问题的报道？下面我就介绍一下一般通用的采访技巧。

采访可分为采访前的准备、正式采访、事后跟踪这三个阶段。

2. 采访前的准备

采访时如果能给你时间准备那算是非常幸运的事情了。大部分的采访就是现场直接采访，基本上没有什么可以准备的时间。特别是采访事件、事故，采访对象是警察等社会部门时，准备时间就是你坐在车里赶往现场的途中这段时间。你得在这段短暂、匆忙的时间里考虑如何作战。如果是大事件或者大型采访的话，因为是集体采访所以采访前会开会讨论，然后领队等负责采访的干部会制定出采访计划，一线的记者只需按照上面的指示行动就可以了。

做准备最基本的就是要确定采访什么。也就是说确定采访对象和采访内容。因此在确定这些内容之前必须通过学习来储备必要的知识。确定采访对象听起来好像很简单，但是对新入行的记者来说还是一头雾水，不知道该去哪里找这些采访对象。“这个问题，你去○○政府部门找○○和○○问一问。”能这样如数家珍告诉你这些的一定是有经验的内行记者。当记者的比起其他职业的人来说知识面更广，所以他们知道什么问题在哪里可以找到相关的资料，就好像在脑子里装了抽屉一样。或者说就如同法律学家能立刻想起法律条文一样。

采访时要采访多个采访对象，因此采访前必须考虑好优先顺序。

采访对象是人时，大部分时候可不预约就直接见面采访，但如果是人物专访或者采访对象比较忙不容易抽出时间的话，就需要事先预约。如果只是一般性的采访的话，我认为还是不要事先预约比较好。为什么这么说呢？因为不是每个人都愿意跟记者见面，即便愿意见面，如果赶上自己不方便的时候也就不想跟记者见面了。所以，如果事先预约约得不好的话，就等于给了采访对象逃避的机会，或者是使他们有机会寻找理由不接受采访。因此还是突然袭击，直接发问并观察他们对问题的反应更好一些。但是，这样做很重要的一点是要考虑在什么场合见面的问题。

如果写一问一答式的采访报道，或者写介绍人物的人物专访时，准备的方法比较容易理解，我就先介绍一下如何准备此类采访。首先要确定采访的时间和地点。根据采访对象不同确定这些也非常不容易。尤其是名人，因为他们的日程很早就安排好了。

另外，要根据采访对象事先确定好提问的内容。

另一方面，问什么内容以及按照什么顺序问事先也要考虑好。可以把提问的内容列出来记在笔记本上，也可以把它们牢牢记在脑子里。如果你遗漏了关键内容，后面可能就很难有时间再补问了。

采访对象是什么样的人，平常都做哪些研究，过去曾经做过什么，如果不了解这些的话，你是很难提出问题的。因此，要事先去查资料对采访对象做一个大致的了解。在你预约采访的时候，采访对象可能就会问你采访的主题、目的以及要提问的问题等内容。所以最理想的顺序是先获得储备知识、确定好采访内容之后再预约采访。不过，如果采访对象很忙的话，还是要先预约采访。

当询问多次接受过采访的人对记者有什么不满时，大部分人对记者的准备不足以及缺乏知识储备有抱怨之词。记者如果在采访前对采访对象有所了解的话，对话以此为前提会进行得比较顺利，如果不了解采访对象的话，就得让对方从头开始介绍。例如，采访对象的主张是 A，如果记者在采访前就知道的话，就可以对他的 A 主张做进一步深入的提问，或者可以听一听他是怎样反驳对 A 主张的批判的。但是，如果你事先什么都不知道的话，采访对象就得先给你解释 A 主张的内容，或许等他解释完之后，采访也就结束了。不学习的记者第一次听说这个主张可能还觉得挺有意思，但是他写出来的报道肯定没什么新意。

在进行人物专访时，事先也要对采访对象的经历、兴趣、家庭成员的构成等基本情况做初步的了解。这样采访时你只需要对以上情况进行确认就行了。如果不知道的话，了解采访对象的基本情况就得占用不少采访时间。美国著名记者约翰·冈瑟（1901～1970），曾做了大量的采访笔记并根据此笔记写了一本畅销书《欧洲的内幕》。关于采访笔记他在自己的著作中这样写道："关于做笔记的方法，我有几个奇怪的理论。其中之一就是我绝对并且会反复确认对方的姓名、拼写、职业和职务等，这些我都会直接询问本人。并且这些信息最好在采访之前就有所掌握和了解。"（《冈瑟的内幕》，河合伸　译，みすず书房刊，1963 年。）

下面再说点题外话。记者招待会以及集体采访的不好之处在于会让某些记者错误地认为即使准备得不够充分也能应对采访。这是因为集体采访时，肯定会有人提问，所以有些记者认为没必要做准备。其实，那些老谋深算的记者在记者招待会时是不会把自己真正想问的问题提出来的，因为那么做就等于把自己的写作内容白白透露给其他报社了。所以记者招待会时，他们只问一些无关痛痒的问题，重要的问题他们会留到记者招待会后再悄悄地问。

另外，不仅是人物专访，对事件以及事故的采访也要做采访前的准备。在赶往现场的途中，要整理一下采访的内容。如果是火灾采访的话，现场的气氛一定非常混乱，所以等你到现场时可能就忘记自己应该采访什么了。但是对新闻的 5W 和 1H 的基本要素还是要有所把握的，即：When（何时）、Where（何地）、Who（谁）、Why（为什么）、What（什么）、How（怎么样）。也就是说采访火灾时要涉及以下内容：何时从哪里开始起火的，燃烧的面积有多大，起火的原因是什么，被烧毁的建筑物的所有者是谁，是否有死伤者，重要的文物保护对象是否被烧，等等。如果报道的只是一般的民宅火灾，但那个民宅里有价值很高的绘画或者文物的话，那这条火灾消息或许就能成为大新闻。

如果是经济报道，在采访企业的新战略或新产品时，事先对企业过去的业绩有所了解的话，就能跟负责广告、宣传的企业负责人将新旧状况做比较来展开话题。如果记者对企业的情况丝毫不了解的话，采访对象就得从头开始介绍企业。

准备工作很重要，但这并不意味着为了准备而准备。

例如，在做人物专访时，从事先准备好的问题开始提问后，采访对象有时可能会说到预料外的有意思的话题。这时，记者应该立即改变原计划把话题往有意思的方向引。也就是说记者一定要有随机应变的能力。

另外，在准备过程中所获得的知识有可能是错误的。特别是从互联网上获得的知识，如果完完全全按照网上说的那样写成报道的话，错误还会增多。互联网上提供的仅是信息，但互联网并不对所提供的消息负责所以肯定存在错误。因此，对在准备过程中所获得的知识一定要加以确认，只有经过确认的“储备知识”才能成为“采访知识”。

3. 正式采访

采访的技巧千差万别，根据采访对象不同技巧也各不相同，下面就说一说基本的采访技巧。

（1）直接采访或间接采访。

用自己的眼睛观察、用耳朵倾听来把握现场的状况是最基本的采访方法。例如说去采访火灾现场，关于火灾面积警察一般都会发布相关数据。但是发布这些数据也是需要时间的，有时候可能到了新闻截稿时间也等不到警察局正式发布的数据。这时候只能自己估算火灾面积了。可以目测一下建筑物的长度以及宽度，然后在报道中可以写“火灾面积大约为○○平方米”。最近，好多记者都习惯向警方要数据，而忘了在采访时应该用自己的眼、耳、鼻等五官来感受和体验。不是任何时候都会有人给你提供现成信息的，当发生大事件时，全世界可能只有一名记者在现场。采访最基本的方法就是用自己的五官去看、去听、去感受，这一点希望记者们一定要牢记。

在实际采访中，比起用自己的五官直接来采访，采访目击者以及阅读别人收集、整理的文件、资料等之类的间接采访可能会更多一些。

间接采访肯定有间接采访的局限性。但有时候只能间接采访。因为每个人不可能像神一样能看见所有的事物。因此记者要铭记间接采访的局限性，并努力用其他方法对此加以弥补。如果记者忽略了只能进行间接采访这一点，就容易发生由于采访对象的错误造成误报的危险。

间接采访原则上要采访多个采访对象。在新闻来源只有一家的情况下做报道，如果新闻源出现错误的话，失误是无法避免的。因此，通过采访多个采访对象进行确认是非常重要的。在实际采访中，记者们常常很信任那些公务繁忙且有实力或是地位高的人，常常只采访了他们就直接写报道了。但是人无完人，每个人都会有犯错的时候，特别是那些位高权重的人。虽然他们对整体以及宏观有所把握，但是具体细节都是下面的人在做，所以他们对细节并不了解。

（2）询问。

最初在间接采访中用到最多的方法就是询问，下面就谈一谈这个最常用的采访方法。询问的方式多种多样，以前常用信件、书函等，现在用电话、邮件等方式交换信息。但是在采访中基本上还是采取见面的方式，也就是说最好以面对面的方式进行询问。俗话说："眼睛比嘴巴更会说话。"对此，日本的大辞典《广辞苑》这样解释道："包含感情的目光比言语更能抓住对方的心。"也就是说人不仅可以用嘴说话，还可以通过眼睛、表情以及手势、态度等来表达意思和心情。但是在电话中我们是看不到对方的眼睛以及表情的。

以前我被派驻在县厅记者俱乐部工作时，坐在我隔壁的别的报社的记者喜欢用内线电话采访县厅内的事情。我坐在隔壁听了之后觉得好可惜呀。如果是去不了的地方，用电话采访确实很方便，但是要是能见到采访对象的话，既可以读到他们的表情，也可以让对方认识自己。或许还可以顺便知道关于采访目的之外的事情。比如，桌子上正打开着的资料、文件或许就是新的报道素材。如果你进去的时候，正好赶上那个部门在开内部协调会的话，或许还能捕捉到更重要的信息。

打电话的话，一般说完重要的内容后就得挂电话，很难再跟对方闲聊几句。其实有时候新闻可能就是在闲聊过程中被发现的。而且打电话也容易产生听觉上的歧义。听觉上的歧义在面对面的采访中也会发生，但是可以通过其他资料以及文字性的内容来防止听觉上的歧义。

如果采访对象是可以信赖的朋友的话，可以用电话采访的方式，除此之外，最好用面对面的方式采访。如果不能见面采访的话也要尽量对基本情况进行确认。

下面再说说面对面采访的技巧。采访的目的就是为了从对方那里获得尽可能多的正确的信息。如果预约了采访就一定要严格遵守时间，一旦迟到的话，不仅会让采访对象不高兴，而且在气势上首先就输给了对方，使得自己从一开始就处于不利的采访状况之中。

正式采访时，其实就像宫本武藏和佐佐木小次郎在严流岛上的决战一样猛烈。如果采访对象很忙、地位很高的话，采访时间最多只能在半小时到1小时之间。在这么短的时间内要倾尽自己的全知全能，将事先的准备化为成果才行。为此，必须尽最大可能从对方那里获取尽可能多的且是高质量的信息。即使是初次见面的采访对象也要像跟他认识了很久似的进行交谈，不是让他说些冠冕堂皇的原则性的话，而是要让他说出真心话。因此，采访结束时，记者常常累得精疲力竭、疲惫不堪。正式采访时就得这样全力以赴、认真对待。

让采访对象心情愉悦地谈话也很重要。因此，要照顾采访对象的情绪，同时也不能轻视小道具的作用。这是与人见面的基本礼仪和原则。这与大学生到应聘公司参加面试或者与喜欢的异性见面是同样的道理。基本原则就是不要让对方感到不快，不要让对方有警戒感。信浓每日新闻报社要求男记者穿西服打领带来上班，这是因为这样的穿着打扮无论什么时候，也无论采访对象是谁，随时都能出去采访。但有时也要分场合和时间。例如，为了做连载报道《打开门扉》采访外国劳工时，记者们就换上了T恤加牛仔裤的装束。这是因为这些外国劳工当中有些人的签证已经过期，如果穿得西装革履去采访的话，外国劳工会误以为记者是入国管理局的职员，从而对记者充满戒心。

大部分的采访是在办公室或者是坐在椅子上进行的。如果采访对象指定了记者所坐的位置，那就在指定的位置坐下。但是记者应该考虑的是该坐在哪个角度上。大家可以想一想你开车时让别人坐在副驾驶座上的情景，那时你与坐在副驾驶座的人谈话是否进行得不是很融洽？或者在酒吧与别人并排坐在一起时，你跟对方说的话也不是很多吧？人只有当跟对方没有视线交流时才会敞开心扉说话。与此相反，像面试那样面对面地说话，人就会变得紧张起来，话自然也就少了。因此，与人谈话时的最佳角度是坐成L字形，也就是说最好坐在与对方构成90度角的位置上。如果是沙发的话，两人分坐在沙发的两端固然最好，但如果两人不是朋友而是初次见面的陌生人的话，就会被认为太无顾虑而让人产生警戒。

记者的工作说到底就是“识别他人谎言”的工作。人总想在别人面前表现自己好的一面。所以人总会有意识或无意识地说谎，说一些原则性的大话，隐藏自己的真心话。但是记者必须把采访对象内心深处真实的想法挖掘出来，而不是仅仅满足于他表面上所说的话。即使不能从言语上引出他的真心话，也要通过对方的表情以及动作来解读他的内心。

采访对象有时像是要隐瞒某些问题，而那些问题却又是真实情况。有些采访就是为了收集相关的证据来确认或证实这些疑惑的。记者必须学会一边仔细观察对方的表情，一边分辨他说的是真话还是假话的本领。对于那些完全适应并习惯了谎言世界的老狐狸，用普通的方法是无法应对的。这类人他们极富说话技巧，谈话内容也相当有趣，当你听得入迷时突然发现约定的采访时间已经到了。再看看采访笔记才发现他们对采访的关键性内容几乎没做任何回答。对这类比较麻烦的采访对象主要有以下两种应对方法：第一种方法是采用单刀直入的办法。就是直接向对方请教，并看他如何反应。如果失败了就以失败结束，这种方法也可以称为“玉碎型”。第二种方法是刚开始时先问一些与主题没有太大关系的问题，然后慢慢地把话题向主题方向靠近，也就是先把周围的沟填平了之后再把问题移向核心部分。这种进攻方式与飞机一边盘旋一边接近跑道的降落方式很类似。

在写人物报道时，那些“闪光的话”会让人有耳目一新的感觉。因此，文章中如果有对人性、人生感悟的话语定会使文章增色不少。

（3）隐匿信息源。

新闻线索提供方想隐匿信息源主要有以下几种情况。

一旦隐匿了信息源就一定要保守秘密是从事新闻报道工作的从业人员应遵守的基本伦理道德。只有这样才能与新闻线索提供方建立起信赖关系，并且这也与维护报道的自由相关。2005 年 7 月，纽约时报记者朱迪斯·米勒在调查美国中央情报局（CIA）工作人员名单泄露的案件中，以新闻线索提供方要求隐匿信息源为由拒绝在陪审团上做证言，为此她被判了约 4 个月的监禁。因为她遵守了保护隐匿者的伦理道德，美国的媒体对纽约时报以及米勒本人的举措表示支持。

但是从与读者关系的角度来看，轻易地隐匿信息源是否就是件好事，这样做是否会损害报道的信用度也是值得考虑的问题。2005 年 5 月，美国的《新闻周刊》披露了美军在关塔那摩基地中为了迫使恐怖组织嫌疑犯招供，将伊斯兰教的圣典《古兰经》扔入抽水马桶的事件。此事件曝光后在广大穆斯林当中引发了强烈的反美运动。事后，《新闻周刊》杂志称此文是“误报”并对原文做了撤除。其原因就是因为提供此信息的是一位匿名的政府高官，当反美运动等骚乱发生后再去采访时，已经无法对事实进行确认。据熟悉美国媒体的早稻田大学的藤田博司客座教授说，从那之后美国的部分媒体对隐匿信息源的规定比以前严格了许多。对此，纽约时报是这样规定的："原则上必须尽可能明确公布信息来源，在无论如何都不能公开信息源的情况下，记者要与其他多个信息源进行确认，并有义务把信息源的真实名字告知编辑部的领导。"据说，美国《新闻周刊》也对隐匿信息源做了类似的新规定（《新闻研究》，2005年8月号）。

日本对于隐匿新闻来源还没有像美国那样制定出严格的规定。但是随意隐匿信息源进行采访的话，就会被新闻线索提供方有意图的泄露所羁绊，造成由记者和新闻线索提供方合作而导致的"复合误报"。这种情况我已在前面的复合误报中详细说明过。

这么做为什么容易发生误报呢？因为随意隐匿信息源会弱化新闻线索提供方以及记者对真实的忠诚度。新闻线索提供方认为反正自己的名字被隐匿了，所以就随随便便说一些不负责任的话。而记者则认为即便报道被报社内部或者外部追究，"也是大家都不知道的采访对象说的"。因此也是以一种可以逃避责任的态度来采访和写作。

不过，如果属于内部告发的话，不对信息源进行隐匿是无法报道掌权者以及有实力的人的不法之事的。如果对任何事情不分情况全都要求必须公开信息源的话，也可能会造成一部分人对采访敬而远之。因此，从某种意义上来说这也损害了报道的自由。

那么，在什么情况下应该隐匿信息源呢？基本原则是当信息源处于弱势，一旦公开信息源将导致他失去立场、其生活以及基本的人权将受到威胁的情况下，仅限于在这种情况下才需要隐匿信息源。在日本，特别是对政治和行政进行采访时，不明示具体的信息源已成为惯例。报道本身也是以此为前提按照一定的套路和样式来写的。例如，像“国家（县）于○日确定了○○○方针”这样的新闻。对于这类新闻，如果加上“关于制定此政策的目的，○○部长这样说道……”也就是在报道中将具体负责人的名字明确写出来的话，不仅能公开信息源而且还可以防止记者以随随便便的态度执笔写报道。这也是赢得读者信赖的做法。

（4）做笔记的方法。

记录下采访对象所说的话的方式多种多样。可以做笔记或者使用记录工具录音。在写一问一答的报道以及座谈会等重要文章时，一边做笔记一边录音是最基本的做笔记的方法。采访对象也很认可这种做笔记的方式。在一般性的面对面的采访中，除非采访对象要求不做记录，一般情况都是一边做笔记一边采访。

做笔记的好处就是有利于后期的写作，并能防止错误的发生。在做笔记的过程中，记者会思考怎样把采访对象的话语用文字表达出来，特别是当讲话中出现片假名以及固有名词时，可以当场确认。这样也可以让采访对象放心记者对他所说的话的意思没有做歪曲报道。但是，做笔记也有一个不利之处，那就是很可能会拦腰打断对方的说话。而当采访对象正愉悦地滔滔不绝地往下说的时候，很可能下面所说的话就是他的真心话了。因此，为了给记者做笔记的时间，同时也给自己思考的时间，那些有心的采访对象会在说完一段话之后稍作停顿。为了防止在采访中拦腰打断对方的话，用录音机把谈话录下来是比较方便的办法，但是在写报道时，就得从头到尾把录音再听一遍，因此比较费时间。如果在采访中出现机器故障或者操作错误没能录上音的话，那就只能靠记忆来写文章了。

如果不需要写一问一答形式的报道的话，可以先不用做笔记仔细聆听对方的话，然后在记忆尚未消失前再补做笔记也行。

（5）不做记录的采访。

有时候新闻线索提供方要求采访不能做记录。既然不能做记录，那肯定不允许记笔记和录音，不仅如此，事后做记录也是不允许的。也就是说在那些特殊场合说的话，只是为了记者了解情况做参考用的。如果答应了对方采访不做记录，却不信守承诺的话，就会失去新闻线索提供方的信任。但是，是不是所有的采访都应该是不做记录的采访也是应该认真思考的问题。为什么这么说呢？这是因为对于新闻线索提供方来说，如果不被当作信息源的话就不用承担什么责任，所以他们经常愿意把原本属于正常的采访也说成是不做记录的采访。

当告知记者这是不能做记录的采访，但你却发现里面有些发言是应该报道的，这种情况该怎么处理呢？最基本的解决办法就是从最初给采访定性之前就要有跟新闻线索提供方进行争辩的意识。记者是代表读者，从更广泛的意义上来说是代表国民去采访的，所以当对方是站在官方的立场并有责任向国民解释、说明问题时，更不能轻易地让新闻线索提供方把采访变成不能做记录的采访。

关于不做记录的采访，2004 年 8 月朝日新闻开除了一名 46 岁的社会部记者，并对生活部的记者以及负责管理编辑业务的专务和编辑局长做了降薪处分。据 8 月 6 日《朝日新闻》以及 8 月 7 日的《读卖新闻》、《每日新闻》的报道，2004 年 4 月两位记者就东京慈惠会医科大学用国家的补助金私设小金库的问题采访了被该大学解雇的临床医学研究所的前所长。此研究所的现职工作人员与记者同在采访现场，他感觉在对前所长的处分上存在问题。对研究所的工作人员来说这属于内部告发，所以他要求对自己的姓名以及接受采访的事实加以隐匿。并且，前所长也说："之前一直都有律师陪同采访所以允许录音，但这次律师不在场所以希望你们不要录音。"当时两位记者答应了他们的请求。但是，6月份刻录着采访内容的录音光盘（CD-ROM）和奇怪的文件被寄给该大学的好几位教员。于是前所长向朝日新闻提出抗议。结果调查发现是社会部的记者录了音，并把复制的MD录音分发给了批判前所长的其他几位采访对象。在报社的内部调查中，社会部记者说："我是为了确认事实才把MD分发给他们的。"收到MD的采访对象则说："或许我们说的话也被他盗录了。"

朝日新闻在报道了处分后的第二天，又在7日的晨报上刊登了题为"再次彻底地对记者进行伦理教育"的文章，以一问一答的形式进行阐述，并在结尾处这样致歉道："对于此次事件给采访对象以及读者等诸多人造成的麻烦和困扰再次表示歉意。"

此次事件也给现场采访制造了麻烦。因为这样一来，采访对象会担心记者有可能不信守约定，偷偷录音，然后复制录音分发给别人。也就给采访对象留下了记者不可信的印象，其结果是使采访变得艰难，同时也制约了报道活动。如果由于媒体自身的报道活动导致损害了报道自由的话，那罪过就大了。

（6）正面采访是基本原则。

随着高科技的发展，现在出现了许多新型的、功能强大的采访工具。例如像小型的IC录音机、麦克、电波发送装置等，感觉电影《碟中谍》中的世界已经触手可及。想秘密录音甚至想窃听也不是做不到。但是，无论器材多么先进，从正面对采访对象进行采访才是基本原则。目不转睛地看着对方，提出一些该问的问题，认真聆听对方的意见和主张。如果发现对方所说的话前后有矛盾就提出质疑，然后再根据采访内容写报道。如果写的是批判性的报道，就更得要面对采访对象认真地陈述批评意见，而不应该做类似背后攻击的采访。写批判性报道的原则是“别虚张声势，要针锋相对，但同时不要忘记礼仪”。

2003 年 10 月北海道新闻在头版头条上刊登了独家新闻 10 天后，撤回了报道。报纸总编等 8 人还受到了降薪的处分。报道是在 6 日的晨报上登出来的，标题是“出光苫小牧隐瞒原油大量泄漏”，内容是说十胜冲地震时，在出光兴产北海道石油冶炼所储油罐周边发生了原油大量泄漏的现象，并且声称多个相关人士证实确有其事。报道的导语还写道：“石油冶炼所方面没有公布此事实。地震后为防止石油气化还悄悄地采取了用土加以遮盖的应急措施来应对。此举再次明确显示该石油冶炼所是想从根上隐瞒此事。”但是，16 日北海道新闻在头版上又刊登了题为“隐瞒是误报　出光苫小牧已对原油泄漏情况做了说明”的订正报道。报道说，出光公司对于原油泄漏现象在地震发生后就立即通告了苫小牧市消防局并且也向北海道的消防厅和防灾消防科做了汇报和说明。用土遮盖是与市消防局协商后采取的应急措施。那为什么会出现误报呢？据说，最初是几名相关人士得到了原油泄漏的信息，然后 4 名记者就出动了，采访了两天还得到了其他相关人士的证言。之后，甚至还通过航拍确认泥土确实有被翻动过的作业痕迹后才发了报道。但是对最关键的出光公司和消防局的负责人却没进行采访和确认。据说没采访到消防局负责人的原因是由于当时交通管制很严，所以无法靠近那里。这或许就是“虚张声势”的实例吧。

特别是那些刚入行的新记者由于不敢正视和面对采访对象的批评，所以就偷偷摸摸地写报道，结果往往以失败而告终。尤其是现在的年轻人，因为在成长过程中没有受到过家长的严厉批评，所以在严厉对待他人方面抱有顾虑和担心，因此很不擅长问别人一些刺耳的、难听的话。但是，如果所批判的事实是错误的话是要订正的，而且如果给对方造成损害，可能还会要求赔偿的。因此记者要敢于发问。如果认为采访对象所说的话不对，就立即提出来，这样做或许会让采访对象一时感到不快，但却可以听到采访对象的意见和主张。这样也会以更加公正的视角来写报道。同时，如果批评得不当的话，也会得到采访对象的纠正，从而防止错误的发生。

（7）采访的最后5分钟很重要。

在面对面的采访中，最后5分钟的采访很重要，也可以说“采访结束之时才是采访开始之时”。最后5分钟时，采访对象觉得采访快要结束了，所以也就比较放松。这时候口一松说不定就会说出很重要的事情来。另外，记者在采访结束时也会抽出一点时间对采访对象表示感谢，然后就合上笔记本放进包里。这时，如果你很忙要赶回报社的话那采访也就到此结束了。但是，如果对方觉得你还有一些时间可以闲聊的话，有时候对方会主动跟你搭话说：“我们换一个话题再聊聊吧。”有时甚至还会直接跟你说：“其实还有这么一件事，你看能不能报道。”当有人问你：“这件事你们知道吗?”“这件事你怎么想?”其实是在告诉你非常重大的一些新闻。这种情况虽然不常有，但是知道记者要来采访，有的采访对象是会准备一些题外话的。

（8）调查报道。

1974年《文艺春秋》的11月号上登载了立花隆的调查报告

《田中角荣研究——他的金脉与人脉》之后，“调查报道”这个词才作为采访方法之一被广泛使用。1972 年田中首相被捧为“庶民宰相”和平民出身的政要“今太阁”登上了日本的政坛。后来，由于石油危机导致他不得不放弃“列岛改造”路线。再后来又因为物价暴涨使得自民党在 1974 年 7 月的参议院选举中惨败。三木武夫副首相和福田赳夫财政大臣相继辞职。就在外部势力想要动摇田中角荣政权之时，立花隆发表了这篇调查报告《田中角荣研究——他的金脉与人脉》。报告用丰富的数据分析了田中首相的金脉和人脉，对其金钱体制政权做了明确的揭露。与此同时，儿玉隆也写的一篇关于田中首相秘书兼情人的报道《孤独的越山会女王》，进一步促使田中首相的支持率加速降低，对田中首相的下台产生了很大的影响。

这两篇报道让杂志对报纸显耀了一下它的影响力，这一点也是很引人注目的。对我刚才所写的关于田中角荣首相的内容，一般报社的政治记者还是知道些片断的，但是立花隆写的调查报告是根据海量的数据总结、归纳出来的，所以也就成了有影响力的读物了。

立花隆在写这篇调查报告时，并不是对所有的事实都做了采访。写作过程是这样的：文艺春秋杂志社先搭了一个大的框架，然后临时雇佣了一些人，组建了一个专门的团队来帮忙采访、调查。再从大宅壮一文库中把关于写田中角荣的文章都收集、挑选出来作为资料，之后又把存放在自治省（现在的总务省）的政治资金报告用毛笔手抄了一遍，然后再对这些数量庞大的资料做了分析，最后由立花隆主笔来写调查报告。日本的杂志社写报道时，一般是由被称为“采访者”的编辑和数据员以及被称为“主笔”

的文章写作者分工合作共同完成的。

这也是在日本经济高度成长时期，不断涌现出来的出版社系统的周刊杂志社开发出来的一种批量生产稿件的方式。

接触和阅读文档在以前的采访中不是没有用过此方法，比如说，为了获得预备知识去图书馆查阅资料就属于此类。但是收集大量的资料并对其进行分析，这是报社不常做的。这主要是因为记者忙于每天的日常工作，不太可能花很多时间来收集资料。另外，记者的主要工作还是要靠腿来跑新闻，因此也不屑于坐在书桌旁干查查文献资料之类的活。不过，田中角荣的研究这篇调查报告的诞生表明，依据文献资料是可以写出报道来的。此后，《朝日新闻》对才库集团（Recruit Holdings）事件做了系列调查报道，从那之后，调查报道这种报道方式才在报社中逐渐被认可和接受。特别是地方自治体开展信息公开运动以来，制定了各种信息公开制度，这样一来也可以收集到行政信息了，从而确立了要求公开信息的采访方法。

那么，调查报道与日常报道相比有什么差别吗？我认为基本上没什么差别。因为，本来从采访的角度来看也是采访得越深就能收集到越多的数据，然后再通过对数据和资料的分析就能写出有深度的报道来。也就是说通过采访积累了许多证言和数据。

其实以前的（时至今日或许这种倾向仍然存在）日常采访，记者大多是根据记者招待会或者记者俱乐部里拿到的通稿和资料执笔来写报道的，这与记者原本应该进行的采访活动之间存在偏差。所以记者到那些没有组织者的地方，自己去收集数据，自己去与人会面进行本应做的采访活动写出来的报道才叫做“调查报道”吧！这也是调查报道与记者招待会之类的一般报道相区别的地方。

如果真是这样的话，那真是令人叹息。实际上在记者生活中最常做的工作就是根据记者招待会和所拿到的通稿等资料来写报道。但是我在这一章中偏偏没有谈及这种最常用的采访技巧，为什么呢？因为我认为此类采访根本用不着什么技巧。不过在写报道时，除了根据记者招待会的具体情况以及所拿到的资料外，还需要进行多角度的采访。只根据记者招待会情况来写报道的记者，与其说他是记者不如说他是宣传员。只按照拿到的通稿和资料来写报道的记者，只能称之为改写员。而认为这就是采访的记者，那他只是“自称”记者。

（9）写一分就得采十分。

采访得越多越好。但前提是在有截稿时间限制的情况下尽可能多采访一些。写一篇报道，了解事实的背景写出来的报道与只知道事实表面写出来的报道会大不相同。因为能对事实背景加以解释说明并能预见今后的前景和趋势的报道会让人有一种厚重感。也是就说，知一写一与知十写一相比较，从表面上看两者或许没有什么太大的差别，但其实差别非常大。

（10）排除固定观念。

采访的技巧很多，一时半会儿是说不尽道不完的。但是，比采访技巧更重要的是要做好排除先入观等固定观念的精神准备和思想准备。关于采访的准备，如前所述“并不意味着为了准备而准备”。在现实中，许多事物超出我们的预测和先入观，与我们想象的有很大不同。所以我经常叮嘱记者要有一双跟“婴儿一样清澈、明亮的眼睛”。

作为记者，经常会遇到许多预料之外的事情。一年前认为的玩笑之事，后来可能真的就变成了现实。现实是变幻莫测的。因此，记者为了应对变幻莫测的现实，就必须具有丰富的想象力。

下面举一个例子来说说我自己是怎样被先入观给欺骗的。

我最初被派到饭田市当记者。饭田市位于长野县的南部，是一个被称作“山里的小京都”的小城市。

有一次我写了一篇小学竞走比赛的报道。饭田这个地方出过奥运会的竞走选手，所以竞走活动在当地开展得比较普遍。分社长去采访回来后把我的稿件退回来要我修改。为什么呢？原来分社长采访回来后发现我的稿件中有一处固有名词出现了错误，所以让我修改。我的稿件中写的是“举办竞走比赛”，但是那所小学用“强”字代替了“竞”字，其目的是强调所有参赛选手都要竞走完比赛，因此命名为“强走比赛”。如果当时分社长没把稿子退回来的话，标题和报道中都会有错误的地方。

2004年10月，京都府舞鹤市受到23号台风的影响下大雨，175号国道被淹，有一辆过往的观光大巴遇险。据报道，车里的37名乘客爬到车顶，黑暗中大家一边唱歌一边搂着肩膀活动身体以保持体温，就这样过了一夜。我比照着读了几家报纸的报道后，发现了不同之处。报道说乘客们从巴士中出来后，用巴士的窗帘代替绳索爬到了车顶，那他们是用什么工具砸破玻璃窗的呢？《信浓每日新闻》说是用“衣架”，但是《朝日新闻》和《读卖新闻》都说是用“锤子”，特别是《朝日新闻》还报道说是用“大巴上配备的锤子”。我立即让新闻编辑给共同社打电话查一查，结果证实乘客们确实是用“衣架”砸破玻璃窗的。最初，共同社也在报道中说是用“锤子”砸的，发现错了之后就在正式发表前的晚上改正过来了。但是，《朝日新闻》和《读卖新闻》在最终版上还是报道说是用“锤子”砸的。用锤子砸玻璃窗确实是非常合情合理的，用衣架砸玻璃的确不太符合逻辑。但是仔细想一想，有必要在观光巴士上配备锤子吗？开往原始森林的汽车上或许有必要配备，但观光巴士上应该不需要。乘客说是用衣架砸的，但是记者却因先入观而报道说是用锤子砸的。

这世界上的事实比小说更奇妙。现实中意外的事情也非常多。从一流大学毕业的记者常常认为“自己很聪明”，因此被既成概念束缚所犯的错误也多。即使不犯什么错误，也没有意识到自己是“井底之蛙”，视野狭隘，结果导致无法开阔自己的视野。好不容易出去采访一趟，结果也没什么发现就回来了。

我社在对新记者的教育上，最下力气的地方就是培养新人们正确认识自我。有的前辈记者在教育新人时，就是要让他们意识到“自己绝不是什么聪明人，而是对世事毫无了解的笨蛋”。只有具备了这种意识才会认真、仔细地聆听采访对象所说的话。因而才能少犯错误并挖掘出珍贵的新闻线索和素材。低调总能赢得对方的好感。

4. 采访的后续工作

用身边的资料对采访进行确认可补充和增强采访内容。可以使用数据、也可以用年鉴或者年表等出版物进行确认。跟名人进行的谈话如果是以一问一答的形式进行的话，是无法跟别人进行确认的，但是可以用资料进行确认。我们常常会记错年月日，例如把前年的事情记成是去年的事。人的记忆是靠不住的，有时候我们通过查阅资料会发现自己的错误。这也是我们日常检查执笔者稿件的方法。

并非写完报道就万事大吉了，还有一些事后的工作要做。比如，报道发表后别的报社有何反映和跟进？如果不掌握这些情况的话，即使做的是独家报道，之后也可能会被其他报社赶超。因为，第二天如果别的报社发现是必须要追赶的新闻的话，会立即发报道的。如果不是什么特别重要的新闻，别的报社间隔上一段时间也会派人去采访的。结果，那之后的变化可能就被别的报社抢先报道了。记者因为工作繁忙常常容易忘记应该采访的事项，在此我建议记者们准备一本日历，已经定好采访的日子就不用说了，没有明确定好采访的日子也要用笔标注一下，“这个时期需要注意○○问题”，在日历上事先做好标注和记录比较好。

整理采访对象的名片，把他们的联络方式整理好并记录在电脑里也是很重要的。这虽然与写报道没有直接关系，但是对记者来说人脉就是财产。记者可以想一想，打一个电话就能联系上的采访对象，这样的人脉你拥有多少？对那些帮助和关照过自己的人，年底时要记得给他们发贺年卡。以我自己为例来说，电脑里记录的邮件地址是和采访对象联系时用的，另外，我也常常写信或者寄明信片与他们联系。最简单的答谢方式就是给对方准备些明信片。虽然使用电子邮件可以迅速地与对方进行沟通和交流，但是能抓住对方的心的还是亲笔信。别的报社的政治部长以及总编也有不少人常给我写信。

最后我要说的一点是“每天都是采访”。日常生活中我们随时都会遇到新闻。当你觉得好奇怪、真有趣的时候不妨听一听，问一问，试着当一个爱看热闹、爱管闲事的人。如果你觉得今天是休息日，所以就不用当记者了。假如你是以这样一种态度工作的话，当有重大新闻事件发生时，捕捉新闻的机会就会从你身边溜走。如果记者们都这样工作的话，全日本的媒体都将丧失抓住大新闻的机会。

第 3 章　执笔写作的原则与技巧

1. 执笔写作的原则

采访结束后开始写稿子时，那种喜悦就如同厨师准备好了食材考虑要做什么菜一样。话虽这么说，其实我没当过厨师，这全是自己的想象罢了。

实际写稿子时，基本上也没什么时间让你慢慢构思、反复斟酌。因为报社有截稿时间，所以你必须尽快把稿子写完。另外，像通讯社以及电台也都有各自的截稿时间。不过，即便如此匆忙，思考如何写报道也是件愉快的事情。

执笔写作是有原则和技巧的。前一章主要论述了采访的技巧，当然采访也有应该遵循的原则。比如，约定好是不做记录的采访，事后就要遵守不报道、不发表的承诺；如果预约了采访，就不能迟到。不过，执笔写作还有更多的原则要遵循，必须在这些原则的制约下进行写作。

制定执笔写作原则主要有两大目的。一个是为了统一日语的语言表现形式。因此要注意防止在同一媒体内日语表现各不相同的情况。另外一个目的是尊重人权。在报道中不能使用带有歧视的用语和令人不快的用语。比如对犯罪嫌疑人要加上“○○嫌疑人”的称呼，对未成年人和精神病人犯罪的报道，不能公开他们的姓名，在报道性犯罪时也不能公开受害者的姓名。总之在执笔写作时有许多原则。另外，还有皇室用语等各种各样的原则，大体上可以分为以下两大类原则：

第一大类原则是用词要谨慎。新闻报道是以尊重语言为前提的，所以用词要谨慎。不能随意滥用词语，也不该为了诡辩而搬弄词语。这是民主主义政治应当遵守的基本原则。特别是在报社工作的工作人员对词语使用要有敏感性。

第二大类原则是语言的表现形式要统一。原先在统一日语表现方式上是由每家报社自行决定的。后来在新闻协会中设立了报道用语座谈会，大家在这个座谈会上交换意见，然后对不断出现的新问题进行讨论，统一意见后，各报社会彻底贯彻执行座谈会的决定。但是，新闻协会对在座谈会上议定好的决定并不强制各家报社执行，基本上还是让各家报社自主决定。因此，不同报社对同一词汇的表示有时也会有所不同，特别是用片假名来表示外国的地名、外语以及有新的国家出现时，最初各家报社的表记各不相同，一段时间后有时会统一表记，但也有并不完全统一的时候。

尊重人权的原则是不使用令人不快的用语和歧视性用语。这些用语也是由各家报社自行决定或者是在新闻协会内部讨论后决定的。比如：“瞎子”、“哑巴”、“聋子”、“瘸子”等是对身体残疾人士含有蔑视的称呼，所以在报道中不应该使用这类词语。而应该使用“眼睛看不见”、“说话有障碍”、“耳朵听不见”、“腿脚不方便”等词语。

随着时代的变化，也出现了一些以前使用过的词汇现在不再使用的情况。特别是那些有性别歧视的词汇，以前曾经使用过，但是现在不再使用了。比如：“未亡人”现在改称为“已故○○的夫人”；“小妾、二号、情妇”现在统一改称为“爱人”等。因为报社基本上是男性社会，所以很容易忽略对性别的歧视性表现，只有在对女性造成了伤害，遭到了抗议时才会发现。还有些词汇是过分强调女性的，比如：像“女人的战斗”、“职场之花”、“处女小说”、“处女航海”、“才女”、“才媛”等这些词语也不再使用了。还有一些如：“夫唱妇随”、“女里女气”、“像个女的似的没骨气”、“像个女的似的知识浅薄”等带有歧视女性的词汇现在也不用了。

日本的国民现在已经渐渐认识到具有性别歧视性的语言，但是与欧美相比对年龄上的歧视性语言的认识还比较落后。今后在年龄方面不该使用的歧视性语言可能还会增多。

到报社工作后，报社会给记者分发关于报道用字用语详细规则的手册。记者在写报道时，就要用这个手册里所规定的规则来确认自己的书写是否规范。用电脑写报道时，如果电脑里安装了审阅帮助软件，电脑能自动识别出字词的拼写错误以及文章中是否有令人不快的用语和词汇。但是，软件是不可能对文章内容进行确认的。

另外一条原则跟前面所谈的原则不太一样，这条原则是说报道要采用倒三角的方式来写。

当有很多好吃的食物摆在你面前时，很少一部分成年人会把自己喜欢吃的东西留在最后吃。倒三角形的写作原则就是让你先吃自己喜欢吃的食物。也就是说写作时要先写最重要的内容，其次再写次要的内容，以此类推，按照内容的重要性来编排写作的优先顺序。

写作时要求按照倒三角形来写主要是出于以下两个原因：其一是因为这样写便于编排报纸版面。如果版面排不下时可以直接从文章后面开始删减。但是，如果你把重要的内容写在了最后，或者写在了中间部分时，负责版面编排的编辑就得把报道从头到尾读一遍，然后确定哪个部分内容很重要，可以把哪个部分内容做删减。如果每次都得这样重新通读稿件的话，会很费时间。其二是因为读者觉得倒三角形的写作方式很亲切。比如说乘车时刚好没带什么可以阅读的书籍，在没什么事可做的情况下，读者可能会把报纸的角角落落都读个遍。当然这是非常例外的情况。倒三角形的写作方式可以使读者在自己想阅读的多个报道之间自由地切换和转变。

不过具体情况还要具体处理。在大部分情况下倒三角形的写作方式是通用的，但是对于从一开始就定好了行数的连载报道、特辑报道以及解说性的报道，其实大可不必套用倒三角形的写作方式。因为只要你有让读者愿意把你写的文章从头读到尾的写作功夫就行。另外，描写情景的报道最好也不要采用倒三角形的写作方式。

2. 写作的基本要领

（1）首先要构思结构。

执笔写作时很重要的一步是在动笔写作前对文章结构进行构思。特别是写解说性报道以及连载等比较长的文章时。一般性的文章基本上可以套用已确定的模式（基本上就是倒三角形的写作方式）来写。结构要构思，同时在时间上也不要拖拉，要立即着手写作。但是在写长文章的时候，如果事先不构思要写什么内容，并且按照什么顺序来写，就开始写作的话，恐怕最后连自己都不知道自己写的是什么。有的记者虽然开始写作了，但却总是对着电脑唉声叹气。这也是因为他们没对结构进行构思就开始写作的缘故，结果在写作上花费了很多时间。

确定结构的简单方法是要明确自己要写的问题的本质是什么，什么是最重要的，哪部分内容应该作为标题。如果是一般性的报道的话，导语和正文该写什么也是由文章的结构决定的。下一步是写出必须要写的几个主干性内容，然后再决定按照什么顺序来写，这样文章的结构大致就勾勒出来了。

在前一章的采访技巧中，我已说过采访比执笔写作更重要。如果采访得不够充分的话，在构思文章结构阶段就会被卡住。那时你会发现这正是采访不充分所造成的，所以你不得不重新进行采访。因此，在写像连载、解说、特辑等长篇报道时，采访开始前，就要思考到底要写什么样的报道，必须在最初的第一阶段就对写作内容和结构进行构思。在最初阶段就能对写作的整体结构做一定思考的记者可以称之为经验丰富的行家里手。实际采访后发现跟最初想象得不一样是常有的事情。遇到此情况就需要在执笔写作前对文章的结构重新进行构思。

以上所说的都是关于写单篇报道时的结构和构思，如果要写大型报道，诸如连载之类的文章的话，就需要对各篇文章由什么内容构成做出更宏大的构想和安排。如果是长期连载的话，还需要对第一部、第二部、第三部等每部的主题进行构思。

我当总编时，对决定要花力气做的连载报道，会从开始到结束全程跟踪。最开始时，为了让大家在要做什么样的连载报道的问题上达成共识，我会跟责任编辑以及采访团队的记者做深入、透彻的交谈。在此基础上让记者做第一次预采。然后再在采访的基础上确定整体的构思。如果可能的话，最好能同时确定第一部、第二部和第三部的构成。然后根据记者所做的原案制定出最初的梗概。再根据最初的梗概让记者进行第二次预采。听了记者第二次预采的结果后，我会对最初的梗概做大幅度的调整，制定出第二次梗概。到此为止，我就可以确定出第一部共分几回，每回都该写些什么内容。如果整体报道共有50回的话，最好是能把每回要写的内容都确定下来。然而，由于不去实际采访有些内容无法把握，所以要一次性确定所有的写作内容确实很难。不过，在第二次梗概出来之后至少要能确定第一部里各回的写作内容。这之后开始正式采访。当正式采访结束后，我会再次询问采访结果，并对第二次梗概做修改，制定出最终梗概。如果发现有采访不充分的地方，会让记者再做一些补充采访。

这之后记者执笔写作，成稿之后编辑会做修改和补充，修改后的稿件会送到我这里再做进一步的修正和润色。与此同时进行的是如何给连载报道起标题和进行版面设计。这些我都会和编辑、记者一起思考，然后把设想告诉版面设计师让他设计出几个样片来，看过后再决定用哪个。到此为止，可以说连载报道的第一回已经成型出炉了。但是，即使到了这个阶段我还是会再看看，进一步提出要求。

（2）事实是不会陈腐的。

一说到执笔写作的技巧，很多人会想到文体的好坏。在以前的记者读本中关于文体的论述非常多，甚至说要参考获得芥川奖和直木奖的小说的文体。这些获奖小说或许在某些方面可以参考，但我认为基本上是无法参考的。热衷论述文体的时代是媒体尚未多样化的时代，报纸在娱乐方面所发挥的作用更大一些。当然，报纸现在也不仅仅报道新闻事实，也报道一些文化和家庭方面的内容来丰富人们的心灵。但是，现在这个时代，报纸不必用类似小说的文体来取悦读者。因此，我认为执笔写作的技巧跟文体没有什么太大的关系。

我认为最重要的是能把事实整理到什么程度。记者是根据事实进行写作的，这一点与小说不同。即使报道对文体有要求，新闻写作也要求至少把必需的新闻事实写出来。

因为工作关系，我有时会阅读一些过去的报道和文章。有些报道读后让人感觉很陈腐，但同时，有些报道即便现在读起来也并不觉得陈旧，而且内容非常充实。是什么原因使这两类报道有如此大的区别呢？我想那些让人感觉陈腐的文章，是因为记者在写作时采用的就是装腔作势的文体，当时或许觉得此类文体很有个性，但是随着时间的推移，人们的想法和感受都会发生变化。因此，对那种文体以及表现形式就会产生陈腐感。与此相反，读起来让人不觉得有陈旧感的文章，是平实地叙述事实，不依赖文体和记者个性化表现的报道。

特别是现如今，图像在媒体中占据了很大的部分，当人们可以根据图像来感知事物时，记者就很难凭借自己的主观以及形容词、副词来表达感情，感动读者了。依赖形容词、副词以及文体的报道很快就会变陈腐，不仅如此，读完之后也会让人感觉别扭、扫兴。

这种情况不仅存在于报道中，那些过于夸张的感动表现形式也会令对方不舒服。

我认为那些对自己在文章表现力上很有信心的记者应该引起警

觉。因为这些人觉得自己的文章很有气势，但是他们写的文章可能就是那些让人感觉陈腐、别扭和扫兴的报道。另外，他们总想用文章表现力来弥补采访的不充分，结果导致他们不重视采访，出现文章中所报道的新闻事实不够充分等问题。

比起文章的表现力，我认为记者更应该在记述事实的能力上下工夫，记述那些图像无法表现的事实。这样读者才会被你记述的事实所感动，记者应该以写这类事实性报道为目标。也就是说你所写的报道不是依靠形容词、副词来打动读者，而是依靠你所罗列的事实来打动人心。

2003 年至 2005 年，《信浓每日新闻》登载了两位女性记者写的连载报道。虽然对事实的描写近乎白描，但却深深地打动了读者。后来出版社还把这两个连载报道编辑成书出版。2003 年 5 月至 2004 年 7 月的连载对长野县儿童医院做了纪实报道。连载报道的标题为“我想给孩子唱支儿歌”（井上裕子记者，2004 年河出书房新社出版了同名书籍）。文章既描述了对患有先天性疾病的婴儿的医疗救治，也描写了患病婴儿的父母，是关于生死的沉重话题。连载报道发表后引起了含辛茹苦养育孩子的母亲们的共鸣。后来，此连载报道还荣获了 2004 年辉瑞医学报道奖。2004 年 9 月至 2005 年 3 月刊登的连载报道《柊树篱笆　原麻风病人的现在》（畑谷史代记者，2006 年平凡社新书以《歧视与麻风病》为题出版），对原麻风病人生活的东京都东村山市的国立疗养所“多磨全生园”做了纪实报道。连载发表后，群马县国立疗养所栗生乐泉园的读者来信说：“文章以平静的笔调记述了生活在疗养所里病人们的话语，令人回味无穷。我一口气从头读到了尾，我希望能把连载报道编写成书。”

这两个连载都没有使用“悲伤”、“可怜”等形容词以及装腔作势的文体，而是用淡淡的白描手法进行叙述。这也证明了白描的写法是能够打动人心的。

在列举事实时，对细节部分的描写是非常重要和关键的。因为只有从微小的细节中读者才能感受到真实。报纸通常只从大面上对事物进行报道，这或许也是读者觉得新闻枯燥无趣的原因所在。在《柊树篱笆》的连载中，麻风病人结婚前迫不得已做了绝育手术。但报道中并非仅用“不得不进行绝育”这样的一句话一带而过，而是用了整整一篇文章的篇幅来描写给麻风病人做绝育手术的医生和护士的心情。

非虚构作家佐野真一写过几本关于民俗学者宫本常一的书。他之所以写关于宫本常一的书是因为被宫本极具彻底性的“走”、“看”、“听”的采访方式和执笔手法所感染。他在其中的一本书中这样写道：“所谓非虚构其实就是固有名词和动词的文艺。而形容词和副词的修饰句会变陈腐，但这世上只要有人类存在，固有名词和动词就不会陈腐。换而言之，只有固有名词和动词才是人类的基本动作，才是历史。”（《非虚构技巧的个人体验》，集英社新书，2001年。）

我认为不仅是形容词和副词，文体也会变陈腐。关于陈腐的问题，我与作家佐野真一的想法在根本上是一致的。

（3）不要使用情绪化和感伤性的词语。

如果在写作时彻底贯彻不依靠形容词、副词和文体的原则，在词语的选择上也就不会选择那些情绪化的词语。因为这些词语很做作，迟早会变陈腐。虽然外来语也很流行，但是会让读者不容易看清事实。情绪化、感伤性的词语只会使人们停止思考，并有可能缺乏逻辑性，从而使读者不易看清真实，无法对真实加以思考。日本在战争时，为了美化战争常使用这类情绪化的词语。比如在宣传忠君爱国，应该为大义牺牲生命时经常使用像“毁灭的美学”等词汇。“淳风美俗”、“民族纯血”作为词汇来讲都是很不错的好词汇，但都没什么具体的内涵，这些美丽词汇的唯一功能就是让人类停止思考。

有一段时间，记者们很爱使用“闭塞感”这个词语。但是我反对滥用此词语。目前社会上确实存在着年轻人就职难、经济不景气且对未来也无法做乐观展望的现实，同时政治上也存在着言论自由受到威胁的状况，可以说到处都充满着被阻塞的感觉。使用“闭塞感”这个词语来表述或许是很贴切，但是，如果能告诉读者到底闭塞在哪里，哪里出了问题，可能比单纯使用“闭塞感”这个词语本身更明了、更准确。因此，“闭塞感”这个词语不但不能使问题明了化，而且还让我们停止了思考，所以我认为不该使用这样空洞无物的词语。

（4）写作要通俗易懂。

这句话说起来很容易，做起来很难。如果报道写得太难，读者就不愿意阅读，这也会导致读者人数不断减少。新闻报道的难易程度应该以初中生能读懂为准。

如果自己对所写的内容不了解的话，就无法写得通俗易懂。只有明白了复杂事物的本质之后，才能用准确的语言简单明了地表达出来。

文章要写得通俗易懂，就必需使用任何人都懂的词汇。最好避开专业术语和外来语。因为这些词汇仅在了解这些词语的特定的人群中使用。写文章的时候，如果无论如何也绕不过这些专业术语和外来语时，必须对这些专业术语和外来语加以解释说明。而且这个解释和说明也要写得通俗易懂才行。采访之所以重要，就是因为如果记者不了解新闻事实的话，是无法把报道写明白的。

新人记者或者是初次担任某些专业领域的记者最常犯的一个毛病就是使用难懂的专业术语，且不加解释。那些记者虽然自己不太懂专业术语的意思，但却认为世界上的人或者说阅读此领域报道的读者就像了解常识一样对高深的专业术语的意思很明白，所以就不加解释地照搬。

尽量不要使用外来语。因为外来语不仅使报道变得难懂，而且让事物变得暧昧不清，从而妨碍看清事物的本质。乍一看觉得外来语很酷，但关键性的内容却没说出来，其结果只能使事物变得暧昧、不清晰，这是不利于民主主义的，我不太信任那些喜欢使用外来语的政治家。

（5）短句更易于理解。

从文体上来看，文章要写得通俗易懂就要用短句。首先要对报道整体的分量进行压缩。这样做的理由有以下两个：第一个理由是报纸版面有限，如果把每条报道都缩减到最小限度，就能刊登更多数量的新闻。第二个理由是阅读长文章读者需要有耐心。如果一眼看过去就能判断报道长短的话，读者一般会对长篇报道敬而远之。

那些占据整个版面的特辑报道，刚开始读时读者还有阅读的热情，在阅读过程中内容渐渐变难或者读者觉得没意思的时候，就会中途放弃。与此相反，如果把特辑分解成一回一回的有意思的短篇，不仅让读者有期待感，而且还能让他们一直读下去。

就一般文章而言，读者也比较容易记住短文章。因此把那些结构复杂的长句子切分成短句子后才便于读者理解。特别是当标题又长又复杂时，读者可能连标题的意思都弄不明白。因此，记者要从写短文章上开始下工夫练习。

（6）关于独创性。

记者通过写报道来表现自我，作为表现者就必须重视独创性。因此是禁止抄袭别人的东西的。这个说法同样适用于文章的表现形式。记者应该以使用老一套的套话为耻，这些套话可以说是“陈词滥调”。电台似乎对说套话并不是很在意，我在听电视新闻时，常能听到一些让人觉得很害臊的套话。例如：“孩子们的眼睛闪烁着光芒”，“报告春天来临的○○”，“热诚地答应”，“眯缝着眼睛”，等等。这些套话既无法描述实际状况又没有表达出具体内容。如果你能仔细想一想有没有更合适的词汇来表达的话，就不会使用这些套话了。

（7）在标题上下工夫。

即使掌握了这些写作技巧，也不可能马上就能写出好的报道来。如果写的只是普通报道（也称作“短讯”）可以套用倒三角形的结构，先写重要的内容就可以了。但是，如果写的是连载、特辑以及解说性的报道，是不适合使用倒三角形的结构的。而且这类报道本来就比较长，让读者敬而远之，所以必须用标题来吸引读者。那该怎么做才能用标题吸引读者呢？

首先必须写得通俗易懂。如果太难了，读者从一开始就不会阅读。

以前写文章时，常使用很有气势的文体开始记叙，但现在这种写法已经变得很陈腐了。

原共同社的记者边见庸曾写过很出色的连载报道《世界各地的

食客》。边见庸曾经是共同社的北京特派员，之后，他被派往越南的河内分局当局长，是新闻界的活跃人物。他根据职场经验写的小说《自动起床装置》获得了芥川奖。这位记者后来对世界各地人们所吃的食物做了纪实报道。边见庸为此策划了为期 1 年的专版连载报道计划，信浓每日新闻等加盟报社都刊登了此连载并受到读者的好评。后来这个连载报道被编写成书出版（1994 年共同社出版了单行本，1997 年角川文库再次出版）。这个连载报道共有 51 篇，对同一个地区的报道大致用两三篇的比例，编辑成书时共有 30 篇。

怎样给连载文章起标题呢？把边见庸出版成书的标题与发表在报纸版面上的标题相比较，我们可以发现，出版时对标题进行再加工的仅有两篇。这也说明标题是作者经过反复思考和斟酌后才起的，因此事后再对标题进行润色、加工的余地不大。

如果对标题进行分类的话，在边见庸的连载报道中，最常见的一类可以说是对状况描写的标题，共有 17 篇。由于是现场报道，因此以对当地状况的记叙做标题也是很自然的事情。另外，连载报道中写关于他自己的内容的有 7 篇，而且还都是署名报道。因为边见庸是获得过芥川奖的著名作家，所以这样写是允许的。但如果是普通记者，这样写是相当危险的。除此之外，还有关于感想、理论等内容的记叙共 4 篇。令人意外的是，用引号引起来的谈话只有 1 篇，最后 1 篇是对读者的提问。

我们跟著名作家不同，所以要像边见庸那样写作很难。最安全的标题是谈话和情景描写。这两类标题都比较容易引起读者的兴趣。因为情景描写容易引起读者的关心，而谈话因为是口语所以也比较通俗易懂。当然，根据报道内容和主题的不同，标题的种类也是多种多样的。

3. 与烹饪菜肴相比较

我常以烹饪菜肴为例与写报道做比较。下面我们来看看这两者之间的相似之处。

美味的菜肴	好的报道
材料新鲜	材料新鲜
营养丰富	知识丰富
柔软易吃	论点通俗易懂
剔除了小骨头和筋	不使用生僻难词
没有混入有毒物质	没有谎言和错误
味道不错	文章娴熟
调味料的使用恰到好处	没有夸张的形容词和副词
装盘漂亮	版面设计美观

与此相反的报道我认为就是差的报道。

首先，材料新鲜，即使生吃也会觉得很好吃。如果是报道的话，假如材料很新鲜，本身就味道鲜美，所以即使没什么写作技巧也能写出好文章来。与此相反，无论是写新闻报道还是写连载或特辑，如果不是读者从来没有听说过的事情或者新闻的话，是写不出有意思的报道来的。因此采访非常重要。

关于执笔写作和烹饪的相似之处，我认为另外一个重要的方面就是要方便咀嚼。豌豆角煮过后还是碧绿碧绿的，所以常用在日本正月料理和煮年糕里当配菜。豌豆角富含胡萝卜素和维生素 C，营养价值很高。但是如果不经过处理就煮了吃的话，说不定它的筋就会塞在你的牙缝里。所以在做豌豆角之前要把它的筋摘除干净。做牛排也是同样，在烧烤之前要先拍打拍打，然后再用厨刀把筋切断。如果是做鱼的话，就要用拔刺的镊子把小鱼刺都剔除干净才行。如果换成写报道的话，就是不使用难懂的词汇，对晦涩难懂的理论要反复咀嚼碎了，弄明白之后再做说明。

我认为烹饪和写报道的共同之处就是要有服务精神，对客人和读者要有周到的服务之心。

4. 新手的思想准备

刚当记者时主要写关于交通事故、犯罪、议会等文体固定的报道。写这些报道时，可以参考、学习前辈以及其他报纸的写法。对于相同的采访可以看看其他报社的记者是怎样写的。这么做不仅对采访而且对执笔写作也很有帮助。对别人报道写得好的地方要积极模仿，想从一开始就发挥自己的创造性是不太可能的。只有先掌握了基本报道的写法才能慢慢写出有个性的报道来。

在最初的一两年里，记者可能都弄不清报道到底是自己写的，还是被编辑以及责任编辑加工、修改过的。所以我特别希望新人记者能好好读一读修改过的稿子。以前改稿件时，编辑和责任编辑都会用签字笔或者红笔在稿件上做删减或添加，然后新手们要把修改过的稿件重新抄写一遍，我认为这是对新人非常有利的训练。但是，现在编辑和责任编辑可以直接把稿件从电脑里调出来，修改完之后还可以直接传送到版面制作的电脑里，所以从前抄写稿件的训练就变得越来越少了。因此，现在只能靠多读修改后的稿件才能弥补这个缺陷。

译者后记

我与日本的长野很有缘分。最早了解长野是因为国际台日语部的听众俱乐部就在长野。后来去日本留学的大学在长野，作为海外孔子课堂的首任中方院长赴任的地方还是长野。

长野山清水秀，民风淳朴。长野人的性格如同他们的名字一样刚直不阿，容不得半点扭曲。

信浓是长野的旧称。《信浓每日新闻》创刊于 1873 年，是长野县发行量最大、最有影响力的报纸。目前有 400 多名职员，与日本三大报纸之一的《朝日新闻》关系密切。在长野孔子课堂工作快要结束之时，在宴会上结识了信浓每日新闻报社的社长小坂壮太郎，并请求他能安排我参观一下报社。很快我的愿望就实现了，当天负责给我介绍情况的就是本书的作者猪股征一先生，报社的原主编。

初次见面，猪股征一先生给我的印象是一位非常有学识，但是很难接近的人。当时我们就关于媒体融合时代传统媒体的困惑和应对等问题谈了将近两个小时，临走之前，他送给我他写的这本书《新闻报道实践入门》。

当时临近回国，因此无暇仔细阅读猪股先生的著述。回国后等一切开始步入正轨，我重新开始认真阅读此书。我越读越感觉出其中的价值，当时我就想应该把这本书翻译成中文，让中国的媒体人也能与我一起分享猪股先生对新闻报道的理解以及他长年积累起来的实践经验。于是在读完此书的第二天，我就很冒昧地给猪股先生打了电话，告诉他我的想法。他很高兴并支持我将此书翻译成中文，还主动联系日本的岩波出版社谈版权等事宜。之后，我又打电话给中国国际广播出版社的马连弟社长，询问他的意见。让我高兴的是，马社长也非常支持我的想法并给予了我全面的支持。

为了实现在 2014 年新年出书的计划，我给自己制定了严格的翻译计划，为此我常常熬到深夜。但是我并没有感觉到辛苦，有时候我觉得自己完全沉浸其中，特别是翻译到精彩之处。

媒体应该是社会的“木铎”，记者应该怀抱着让世界和社会变得更美好的社会使命感工作，而不是功名心。记者的幸福是能认识许许多多生活在同时代的人，并与他们共享喜怒哀乐。书中的这些话语深深地印刻在我的脑海里。

中国也有许多怀抱新闻理想的优秀的媒体工作者，希望此书能对他们了解日本的媒体以及日本媒体人的新闻理念有所帮助。

最后，再次感谢原著的作者猪股征一先生，感谢马连弟社长和中国国际广播出版社以及日本岩波出版社的大力支持与帮助！

译者　刘非
2013 年 11 月 16 日

图书在版编目（CIP）数据

新闻报道实践入门 /（日）猪股征一著；刘非译. —北京：中国国际广播出版社，2014.1
ISBN 978-7-5078-3693-6

Ⅰ. ①新… Ⅱ. ①猪…②刘… Ⅲ. ①新闻报道 Ⅳ. ①G212

中国版本图书馆CIP数据核字（2013）第301216号

著作权合同登记号　图字：01-2013-8703号

新闻报道实践入门

著　　者	[日] 猪股征一
译　　者	刘　非
责任编辑	杜春梅
版式设计	国广设计室
责任校对	徐秀英
出版发行	中国国际广播出版社（83139469　83139489[传真]）
社　　址	北京复兴门外大街2号（国家广电总局内）
	邮编：100866
网　　址	www.chirp.com.cn
经　　销	新华书店
印　　刷	北京艺堂印刷有限公司
开　　本	710×1000　1/16
字　　数	150千字
印　　张	11.5
版　　次	2014年1月　北京第一版
印　　次	2014年1月　第一次印刷
书　　号	ISBN 978-7-5078-3693-6 / G・1428
定　　价	35.00元

CRI 中国国际广播出版社　欢迎关注本社新浪官方微博　官方网站 www.chirp.cn